¡Sssssshhhhhhhhhh!

Haz del teatro algo íntimo

Llévalo siempre en el bolsillo

Cubierta y diseño editorial: Éride, Diseño Gráfico
Dirección editorial: ángel jiménez

Primera edición: noviembre, 2025

el ciego
© Juan Manuel Brun
© Del prólogo: José Moreno Arenas
© VdB, 2025
Espronceda, 5
28003 Madrid

VdB®

ISBN: 979-13-87644-47-5
Depósito Legal: M-21411-2025
Diseño y preimpresión: Éride, Diseño Gráfico

Este libro protege el entorno

el ciego

Artefacto cómico en tres actos

Juan Manuel Brun
(Monesterio -Badajoz-, 1978)

Escritor y dramaturgo galardonado en numerosos certámenes nacionales e internacionales.

Ha ganado, en 2024, el XXV Certamen Rafael Guerrero con *La silla de jefe,* el VII certamen Microteatro Horeca, por la obra *La pareja* y el Segundo Premio del V Certamen Iberoamericano de teatro Carlos Schwaderer con la obra *La cuneta*; en 2023, el XV Certamen José Moreno Arenas con *Como cadáveres flotando en mitad del mar*; en 2022, el Certamen Horeca con *La conversación; en* 2021, el XV Certamen El Espectáculo Teatral por *Julio V;* en 2020, el I Certamen Julio Navarro con *Tablas*, accésit en el Certamen José Moreno Arenas por *El refugio de los canallas* y vencedor del XXI Certamen Rafael Guerrero con *En boca de todos*. Finalmente, en 2019 el V Premio Irreverentes de Comedia por *Fahrenheit 130,* fui finalista del premio de teatro científico del CSIC con *La mariposa,* y participó en una antología de monólogos convocada por RTVE.

Tiene publicadas tres novelas: *Biografía de un Héroe, Tras las cortinas* y *Dormir no es lo mismo que soñar.* Con la primera de ellas –una peculiar autobiografía– logró algo sorprendente: muchos de sus amigos dejaron de hablarle; pero no por lo que se decía sobre ellos, sino por lo el libro decía sobre el autor. Recientemente ha sido ganador del certamen literario de la 36 Feria del Libro Cádiz, en su apartado de microteatro, con la obra *La nueva normalidad.*

Juan Manuel Brun

el ciego

Artefacto cómico en tres actos

Prólogo
La memoria viva de Wellwarth

Aseguran nuestros mayores que «el tiempo
pone a todos en su sitio». No es baladí el aserto. Lo traigo a colación porque, al terminar de
pasar por primera vez las páginas de *El ciego*,
de inmediato me ha venido a la mente el nombre de uno de los teatreros más admirados por
quien garabatea estas líneas: George E. —de
origen austríaco— impulsor de lo que se dio
en llamar «Nueva ola dramática española»
de los últimos años sesenta, ese «no-grupo» de
costuras vanguardistas que llegó a copar la
programación de las salas alternativas y se
las vio y se las deseó para exhibirse en las
carteleras de los escenarios comerciales; como
digo, ese «no-grupo» al que fueron adscritos
dramaturgos tan señeros e imprescindibles
como Antonio Martínez Ballesteros, Manuel
Martínez Mediero, José Ruibal…. inmerecida-
mente denostado en aquel momento, incluso
por algunos de los dramaturgos relacionados
en su nómina y, por tanto, estudiados y pro-
mocionados por el propio Welwarth, a él se
debe una de las máximas más tenidas en cuenta en el teatro de nuestros días, sentencia que
ha propiciado el nacimiento de infinidad de
poéticas, entre las que se encuentra la dra-
maturgia indigesta: «La función del teatro es

estimular al pensamiento, no inculcar soluciones dogmáticas». Aunque sigo a pies juntillas las dos partes del enunciado, ahora viene «como pedrada en ojo de boticario» solo la primera, pues ha sido la que, disfrutando de la obra de Juan Manuel Brun Murillo, me ha hecho pensar en Wellwarth.

Pero no obraría con justicia si, estando ahora fuertemente asido a la mano de Federico García Lorca, silenciara una de las arengas que con más vehemencia dirigió a los espectadores. Mi paisano de la Vega de Granada los invitó a esforzarse en tener criterio propio, en procurar pensar por ellos mismos, bajo advertencia —que no amenaza— de que si no seguían su consejo, otros vendrían a decidir por ellos, a decirles lo que tendrían que pensar; y mostró con claridad la diferencia entre el teatro «bajo la arena» y el teatro «al aire libre». Este, con simples pretensiones de entretener; aquel, más ambicioso, ya que a la mera diversión unía la reflexión; el uno, amigo de las apariencias y, por ende, feliz en su ignorancia; el otro, apegado a la autenticidad y, en consecuencia, maduro y con amplitud de horizontes. Es por lo que el mencionado José Ruibal, al escribir contra el público, en realidad, lo hacía contra la pereza mental de los «okupas» de las localidades de los teatros.

Al realizar los comentarios que anteceden acerca de Wellwarth y sus «protegidos», así como del poeta-dramaturgo de Fuente Vaqueros, no está en mi ánimo el alardear de conocimiento sobre sus respectivos legados; han aflorado de manera fluida —me atrevería a afirmar que espontánea— tras la lectura atenta y reposada de ese «gran circo del mundo» que lleva por título *El ciego*. Más: debido a ello, entre sus escenas he advertido con deformante nitidez los espejos a los que se ha asomado Brun Murillo para rescatar de sus pátinas distorsionadas a unos personajes «circenses» tan de andar por casa, tan reales que, a un tiempo, parecen absurdos, como el *tropecista*, el filósofo, el hombre barbudo y la mujer; he observado en ese esperpéntico «callejón gatuno» cómo se practicaba la «normalidad malabar» con los sombreros de copa de un tal Miguel Mihura, los mismos aires de audacia e inteligencia por los que siguen haciendo de las suyas los «honrados ladrones» de un tal Enrique Jardiel Poncela o el mismo «cielo sin almejas» de otro tal Álvaro de Laiglesia.

Punto y aparte merecen los protagonistas de la historia, Giuseppe y Tomaso, que lo mismo guiñan «en modo godotiano» un ojo a Samuel Beckett a la «espera» de una reversión final indigesta —eso sí: de «quasi» imposible conversión— que parpadea «con pánica ingenuidad» el otro a Fernando Arrabal haciendo uso no solo de la tan deseada y aceptada conversión, sino también de la difuminada e imperceptible línea fronteriza entre el caos y la confusión. Todo un «tohu-bohu» de segundas oportunidades tras una situación caótica originada no al principio de los tiempos, cuando las tinieblas campaban a sus anchas, sino ocasionada por la mezquindad, la mala fe, la indolencia…, en definitiva, el «apagón» moral y de principios del ser humano.

Como observará el avezado lector, el listado de influyentes dramaturgos es inagotable. Tal es la brillantez del texto de *El ciego*, que conecta con un sinfín de formas de entender el teatro y permite el acercamiento a autores de todas las épocas. Naturalmente, podría continuar añadiendo nombres, bien haciendo un remonte histórico que permitiera deleitarnos con el sarcasmo que adornaba las obras de Aristófanes, bien aterrizando en pleno siglo XX para dejarnos seducir por el inigualable ejercicio de subversión del lenguaje de Jorge Díaz o recrearnos con Eugène Ionesco, maestro rupturista de la lógica y ducho caricaturista de la banalidad y lo convencional. Sin embargo, creo oportuno —mejor hablar claro: apelo a la coherencia— regresar a Wellwarth, pues conviene no olvidar que «la función del teatro es estimular al pensamiento», una evidencia —no admite «posverdad»— que ha seguido al pie de la letra Brun Murillo en *El ciego*, haciendo partícipe al patio de butacas por boca de Giuseppe de nuestra incapacidad para «percibir lo extraordinario que es respirar y estar vivos», reflexión que, en un principio, no hace mella en Tomaso, hasta que —ya cercana la caída del telón— repite una de las frases del filósofo: «La vida es eso que pasa mientras estás haciendo otros planes». Alegato a favor de la vida y en contra de la rutina, así como de los miedos y miserias, que nos denigran.

Juan Manuel Brun Murillo ha seguido la estela de los dramaturgos del absurdo para escribir *El ciego*, ha transitado por el «sentido de lo contrario» para pergeñar los diálogos con una pizca de ironía —bien aderezada de ternura disparatada— y ha enviado al oculista a todo un ejército de ciegos irredentos, a todas luces incapaces de reconocer que en las pequeñeces del día a día se halla la verdadera felicidad. Pero todo encaminado —a las pruebas me remito— a hacer reflexionar al público. De sobra sé del interés del autor por el teatro de Antonio Martínez Ballesteros; me consta que ha sostenido entre sus manos los textos de Manuel Martínez Mediero; y tengo noticias fidedignas de que conoce las creaciones de José Ruibal. En cambio, no abrigo certezas de que adornen los anaqueles de su biblioteca personal *Teatro de protesta y paradoja* y *Spanish Underground Drama*, de George E. Wellwarth. Iba a decir que da igual. Pero no. Corrijo ese apunte de insensatez. Porque —no me asalta duda alguna— todo teatrero que se precie de serlo ha de paladear y beberse, sorbo a sorbo, las páginas de ambos volúmenes. En realidad, quería manifestar que, habiéndose acercado a los dramaturgos de la «Nueva ola dramática española» impulsada por Wellwarth, el teatro de Juan Manuel Brun Murillo —concretamente, *El ciego*— ayuda a mantener encendida la llama de la memoria viva

del norteamericano. Está claro… no que el tiempo lo ha puesto en su sitio; está claro que el tiempo lo mantiene en su sitio.

Pasen ahora esta página cuya lectura están a punto de terminar y sigan leyendo. Les espera *El ciego*. ¡Ya verán…!

José Moreno Arenas
Dramaturgo
Albolote, Granada, 4 de agosto de 2025

Personajes

GIUSEPPE
TOMASO
LA MUJER
LUIGI
HOMBRE BARBUDO
FILÓSOFO
VOLUNTARIO 1
VOLUNTARIO 2

PAULA   Haga usted algún ejercicio con los sombreros.
             Así nos distraeremos. A mí me encantan los
             malabares…

DIONISIO   A mí también. Es admirable eso de tirar las
             cosas al aire y luego cogerlas… Parece que se
             van a caer y luego resulta que no se caen…
             ¡Se lleva uno cada chasco!

PAULA   Ande. Juegue usted.

DIONISIO   (*Muy extrañado.*) ¿Yo?

PAULA   Sí. Usted.

DIONISIO   (*Jugándose el todo por el todo.*) Voy. (*Se levan-
             ta. Tira los sombreros al aire y, naturalmente, se
             caen al suelo, en donde los deja. Y se vuelve a
             sentar.*) Ya está.

PAULA   (*Aplaude.*) ¡Oh! ¡Qué bien! ¡Déjeme probar a
             mí! Yo no he probado nunca. (*Coge los sobre-
             ros del suelo.*) ¿Es difícil? ¿Se hace así? (*Los
             tira al aire.*) ¡Hoop!

             (*Y se caen.*)

DIONISIO   ¡Eso! ¡Eso! ¡Ha aprendido usted enseguida!

Tres sombreros de copa
Miguel Mihura

Acto primero

Interior de la carpa de un circo. La pista ocupa casi todo el escenario. En sus laterales se adivina la existencia de gradas, aunque no están a la vista. Se entiende que, frente al escenario, donde se ubica el público real del teatro, se encontraría el imaginario público del circo.

Se percibe a primera vista que es un circo bastante atípico. El suelo de la pista, en vez de estar relleno de arena y cubierto con una lona, aparece revestido de madera muy bruñida, lo que otorga al espacio una agradable sensación de aseo y limpidez. No se ve tampoco la tramoya típica de los circos —cuerdas suspendidas, trapecios...— siendo su única concesión a la imaginería circense, el telón de fondo rojo.

La pista aparece ocupada por elementos bastante heterogéneos. Al fondo, en el lateral derecho, tomando siempre como referencia al público, emerge una barra de bar con un par de taburetes frente a ella. En el lateral izquierdo, también al fondo, hay varios pupitres y una mesa en una pequeña tarima, dispuestos como si fuera un aula de colegio.

En primer término, a la derecha, hay una mesa escritorio atestada de papeles con dos sillas escoltándola. En el centro de la escena, sesgado ligeramente a la izquierda, se espacian una butaca, una cama, una mesilla de noche y un coqueto tocador blanco con un espejo redondo adosado.

Tanto el mobiliario como el atavío de los distintos personajes deben dar la sensación de intemporalidad, que impida situarlos de primeras en una época determinada. Esta sensación debe imponerse incluso sobre las referencias temporales concretas que se hacen en la obra y que situarían la acción en la actualidad.

Por el telón rojizo del fondo entran en escena GIUSEPPE *y* TOMASO. *El primero lleva una carta en las manos y el segundo porta un pequeño saco sobre los hombros. Ambos se dirigen hacia la mesa escritorio.*

GIUSEPPE ¡Qué gran carta de recomendación! Es extraordinaria. ¡Y menudo membrete! Hacía años que no veía uno así. El encabezamiento es también una maravilla. Con su *Muy señor mío* y sus dos puntos puestos donde hay que ponerlos. Y luego, ¡qué bien han alineado los márgenes! (*La mira de arriba abajo, asombrado.*) ¡La carta está entera justificada!

TOMASO Sí, lo han explicado todo muy bien.

GIUSEPPE (*Sin escucharlo, cada vez más entusiasmado.*) Y qué decir del tipo de letra: ¡Parissiene! Eso refleja un gusto extraordinario. Y encima en tamaño catorce, para que la gente con problemas de vista, como yo, pueda leerla sin problema.

TOMASO   ¿No ve usted bien?

GIUSEPPE   (*Suspira.*) Cada año veo peor. A usted ahora lo distingo perfectamente, pero póngase a trescientos metros y no lo distinguiré de una morsa.

TOMASO   ¿Le gustó entonces la carta?

GIUSEPPE   Me encantó. Especialmente el sobre donde venía, con el sello del *Circo Internazionale* y el lacre tan bonito que le habían puesto. (*Se deja llevar de nuevo por el entusiasmo.*) ¡Una auténtica preciosidad!

TOMASO   (*Desilusionado.*) Veo que lo que le ha encantado ha sido el continente.

GIUSEPPE   No se crea. Yo soy más de América del Norte, con sus indios, sus praderas y su Torre Eiffel.

TOMASO   En América no está la torre Eiffel.

GIUSEPPE   (*Con gesto de superioridad.*) Eso lo dice porque no ha estado en Las Vegas.

(*Silencio.*)

TOMASO   Con lo del continente me estaba refiriendo a que lo que le ha gustado de la carta, por lo que parece, es su parte externa. De su contenido aún no me ha dicho nada.

GIUSEPPE   No le he dicho nada de su contenido porque aún no la he leído. (*Ante el gesto de contrariedad de* TOMASO, GIUSEPPE *le pasa la mano cariñosamente por el hombro.*) No se preocupe por eso. La leeré a su debido tiempo. Antes de hacerlo tengo que decidir si es usted o no apto para trabajar en este circo. (*Llegan hasta la mesa escritorio.* GIUSEPPE *se sienta en la silla más cercana al lateral.*) Siéntese.

TOMASO   Prefiero estar de pie.

GIUSEPPE   No es por cortesía. Padezco tortícolis y no puedo levantar mucho la cabeza. Si usted fuera más bajito no habría problema.

(TOMASO *se sienta en la silla y se encoge de hombros.*)

TOMASO   Siento ser tan alto. Es una costumbre familiar.

GIUSEPPE   En la mía la costumbre es la tortícolis. (*Revuelve unos papeles de la mesa.*) Antes de que me hable de su experiencia circense y de que yo le explique el funcionamiento de este circo, que como ya le he dicho antes es bastante atípico, me gustaría que me contestara unas preguntas. Alguna de ellas puede resultarle incómoda, pero si quiere trabajar con nosotros deberá responderlas todas. Para ver si encaja o no con nuestro proyecto. (*Lo mira fijamente.*) ¿Está de acuerdo?

TOMASO   ¡Qué remedio!

(GIUSEPPE *coge una pluma que hay encima de la mesa y la moja en un tintero.*)

GIUSEPPE   Empecemos. (*Conforme* TOMASO *vaya contestando a las preguntas,* GIUSEPPE *irá anotando las respuestas en el pliego de hojas que tachonan la mesa.*) ¿Años?

TOMASO   Muchos.

GIUSEPPE   Lugar de nacimiento.

TOMASO   La cama de un hospital.

GIUSEPPE   Complexión.

TOMASO   Poca. Entiendo siempre lo justo.

GIUSEPPE   Color de ojos.

TOMASO   Predominantemente blancos.

GIUSEPPE   Altura.

TOMASO   2,28 con zancos.

GIUSEPPE   ¿Y sin ellos?

TOMASO   Me caigo.

GIUSEPPE   ¿Grupo de música favorito?

TOMASO   Parchís.

GIUSEPPE   Juego preferido.

TOMASO   Mecano.

GIUSEPPE   ¿Hobbies?

TOMASO   Bilbo y Frodo Bolson.

GIUSEPPE   ¿Deportes predilectos?

TOMASO   Los acuáticos: surf, windsurf, sky surf… Los
practicaba mucho de pequeño.

GIUSEPPE   (*Interesado.*) ¿Dónde?

TOMASO   En Zamora.

GIUSEPPE   ¡En qué lugar si no! (*Suspira y da la vuelta al
pliego que está leyendo.*) Voy a hacerle ahora
algunas preguntas más personales, si no le importa. (*Mira el formulario.*) ¿Cuál es su poeta
preferido de la generación perdida?

TOMASO   Se lo diré cuando lo encuentren.

GIUSEPPE   Filósofo favorito.

TOMASO   Schopenhauer. Soy un pésimo, como él.

GIUSEPPE   Querrá decir pesimista.

TOMASO   No hago gala de ello.

GIUSEPPE   ¿Ideas políticas?

TOMASO   Huyo de los extremos. El único ismo que me interesa es el de Corinto.

GIUSEPPE   ¿Es usted una persona de fiar?

TOMASO   Soy más bien de que me presten.

GIUSEPPE   ¿Le gustan los lugares comunes?

TOMASO   Los frecuento solo cuando no hay gente.

GIUSEPPE   ¿Qué es lo primero que mira en un hombre?

TOMASO   Si le debo dinero.

GIUSEPPE   ¿Y en una mujer?

TOMASO   Si le debo una explicación.

GIUSEPPE   Si le atacara un tiburón en alta mar, ¿qué haría?

TOMASO   Morirme.

(GIUSEPPE *lo mira con expresión satisfecha. Da la vuelta a la última hoja del formulario.*)

GIUSEPPE   Ya solo queda una última pregunta. (*Pone un tono de voz más trascendente.*) Dígame algo que soñara conseguir de pequeño y que haya alcanzado de mayor.

TOMASO El Cola Cao que mi madre guardaba en lo alto de la alacena.

GIUSEPPE (*Mueve la cabeza satisfecho.*) ¡Fantástico!

(GIUSEPPE *revisa rápidamente el pliego y escribe algo al final de él.* TOMASO *mira a* GIUSEPPE *con expectación.*)

TOMASO (*Con cierta ansiedad.*) ¿He pasado la prueba?

GIUSEPPE No le quepa la menor duda. No ha contestado una a derechas.

(TOMASO *lo mira con gesto de incomprensión.*)

TOMASO No entiendo.

GIUSEPPE Si quisiéramos gente que contestara todo a derechas la buscaríamos en una oposición a notarías. Y no es eso lo que necesitamos. Como ya le he dicho, este es un circo atípico. (GIUSEPPE *se levanta y hace un ademán para que se levante también* TOMASO.) ¿Le importa que caminemos un poco mientras hablamos de su experiencia circense? Tengo una almorrana en el trasero y no puedo estar mucho tiempo sentado.

TOMASO ¡Lo siento mucho!

GIUSEPPE Yo me siento más bien poco.

TOMASO   Me refería a que lo sentía por lo de la almorrana.

GIUSEPPE   Yo también me refería a la almorrana. Si me siento poco es precisamente por ella. (GIUSEPPE *se apercibe del gesto de incomprensión de* TOMASO.) No se ofusque usted. Soy un poco duro de oído y a veces no me entero bien de lo que me dicen. No es algo grave. Es una enfermedad muy común.

TOMASO   ¿Hipocausia?

GIUSEPPE   No, no causa hipo. Solo problemas de audición.

TOMASO   (*Eleva el tono.*) ¿Quiere que le hable más alto?

GIUSEPPE   No, por favor. ¿No le he dicho lo de mi tortícolis? Hábleme como hasta ahora, pero alzando más la voz si es posible. (*Caminan ambos hacia el lateral izquierdo, muy lentamente.* GIUSEPPE *se para y se toca la rodilla, dolorido.*) ¿Le importa que nos quedemos un rato de pie, sin andar? Es que tengo el menisco hecho trizas.

TOMASO   ¿No le vendría mejor para el menisco que nos sentáramos?

GIUSEPPE   No, porque entonces me dolería la almorrana.

TOMASO   ¿Y por qué no se pone usted una almohadilla debajo del culo para amortiguar el dolor?

GIUSEPPE   Imposible. Tengo un problema en la cadera y para que no vaya a más me tengo que sentar muy recto y en una superficie dura. (*Se vuelve a tocar dolorido el menisco.*) ¿Le importa que me tumbe un poco? Es cosa de un minuto, nada más. En un rato se me pasa lo del menisco. (*Se tumba en el suelo con la cabeza boca abajo.*) ¿Podría usted cantarme algo? La música me relaja y me alivia el dolor.

TOMASO   (*Con desgana.*) ¿Quiere que le cante algo en especial?

GIUSEPPE   ¿Conoce usted a Los Panchos?

TOMASO   No personalmente.

GIUSEPPE   Pues cánteme algo de Ricky Martín, si no le es molestia. La de *Torero*, por ejemplo, que me encanta.

TOMASO   *Torero* es de Chayanne.

GIUSEPPE   ¿Ah, sí? (*Admirado.*) ¡Cuanto sabe usted de música! Es todo un melómano. (*Con voz casi de niño.*) ¿Podría cantármela, por favor? ¡Me haría tanta ilusión! (TOMASO *suspira profundamente, mira a* GIUSEPPE *incrédulo y ladea la cabeza. Pero al ver su gesto de ansiedad y dolor, y tras exhalar un nuevo suspiro, se pone a cantar* «Torero», *eso sí, sin ningún entusiasmo. Cuando lleva apenas unos segundos cantando,* GIUSEPPE *lo detiene.*) ¿Podría usted bailarla también?

(*Aludiendo al menisco.*) Es que si no, no me hace el mismo efecto. (TOMASO *suspira aún con más fuerza y se pone también a bailar. Al principio baila y canta de forma apática, pero poco a poco le va cogiendo gusto al asunto y hasta hace alguna que otra cabriola. Cuando está en el culmen de la canción y del entusiasmo lo interrumpe* GIUSEPPE.) ¡Ya me encuentro mucho mejor! Nadie como Ricky Martin para levantarle a uno el ánimo. Y hablando de levantar cosas, ¿podría ayudarme a levantarme del suelo, por favor? (TOMASO *lo ayuda a incorporarse.*) ¿De qué estábamos hablando antes?

TOMASO   Creo que quería preguntarme acerca de mi experiencia circense.

GIUSEPPE   ¡Exacto! (*Piensa en algo.*) Su último trabajo fue en el *Circo Internazionale*, ¿no?

TOMASO   Sí. Estuve trabajando allí seis años. Hasta que cerró por la crisis.

GIUSEPPE   ¿Crisis? ¿Cuál de ellas? ¿La del 2008, la de la covid-19…?

TOMASO   Me refería a la crisis de los cuarenta.

GIUSEPPE   ¿La crisis de los cuarenta?

TOMASO   Sí. Cuando el dueño del *Internazionale* cumplió cuarenta años decidió darle un giro a su vida. (*Se encoge de hombros.*) Cualquier otro hombre, en su misma situación, se hubiera comprado una moto de gran cilindrada y dedicado a los espectáculos de *varietés*. Pero como Togliati ya tenía una Kawasaki 1.100 y era propietario de un circo, lo que hizo fue cerrar el negocio y colocarse de oficinista.

GIUSEPPE   A lo loco. (*Hace de nuevo memoria.*) Recuerdo que me dijo también que empezó en esto del circo a lo grande, trabajando en el *Circo del Sol*.

TOMASO   Es correcto.

GIUSEPPE   ¿Qué tal le fue?

TOMASO   Mal. Lo dejé a los pocos meses.

GIUSEPPE   ¿Por qué?

TOMASO   Por el calor.

GIUSEPPE   Normal. (*Lo mira con ojos curiosos.*) ¿Y qué hizo después?

TOMASO   Después me establecí por mi cuenta. Con el espectáculo de la cabra.

GIUSEPPE   Todo un clásico.

TOMASO   Sí, iba de pueblo en pueblo con ella, hasta que un día la pobre se me murió.

GIUSEPPE   ¿Y cómo se le murió la pobre?

TOMASO   Si le soy sincero fue por mi culpa. Un día se me cayeron veinte euros en una alcantarilla y quise sacar el billete pinchándolo con el pitón de los cuernos de la cabra. El problema fue que la infeliz, aunque enfiló bien el billete, no pudo sacar luego los cuernos de la alcantarilla. El servicio de mantenimiento municipal tardó tres días en llegar y mi Braulia, así se llamaba, murió de aburrimiento y de una fulminante dislocación de cuello.

GIUSEPPE   ¡Vaya desgracia!

TOMASO   (*Se encoge de hombros.*) Intenté continuar el espectáculo sin ella. Pero subir y bajar la escalera de mano yo solo, no suscitaba el mismo entusiasmo en la parroquia.

GIUSEPPE   La gente no tiene imaginación.

TOMASO   Ni dinero. Cuando hacía el espectáculo con la cabra me aplaudían muchísimo, pero nadie daba un euro.

GIUSEPPE   ¿Y cómo se sostuvo usted durante ese tiempo?

TOMASO   Con las piernas. Aunque a veces pasaba tanta hambre, que desfallecía y ni siquiera las piernas me podían ya sostener.

GIUSEPPE   ¡Qué triste todo! (*Suspira.*) Después de lo de la cabra, ¿qué hizo?

TOMASO   Como estaba cansado ya de estar solo, decidí trabajar con una compañía.

GIUSEPPE   ¡Bien pensado! Así estaría menos solo…

TOMASO   Pero la única compañía en la que encontré trabajo fue en una de ferrocarriles.

GIUSEPPE   ¿Qué tal le fue?

TOMASO   Mal. El presidente electo de Murcia había prometido que si ganaba las elecciones tendería una línea de ferrocarril desde Cartagena hasta Palma de Mallorca. Pero claro, no había contado con un pequeño inconveniente.

GIUSEPPE   ¿Cuál?

TOMASO   El mar Mediterráneo.

GIUSEPPE   Uno no puede estar en todo.

TOMASO   Cuando se dieron cuenta de ese pequeño inconveniente ya se habían ahogado setecientos obreros, doce ingenieros de Caminos, ocho de Canales, cuatro de Puertos y un señor de Alicante al que gritaron que retrocediera, pero que, como era de esperar, no hizo caso y tiró para adelante.

GIUSEPPE (*Con una sonrisa.*) ¿Sabe que no me creo nada de lo que me está contando?

TOMASO (*Sonríe también.*) Se me ha ido la mano dándole color al tema. Pero ¿a qué ha pasado un rato entretenido? Cómo ve, aparte de dominar el trapecio, la doma, el contorsionismo y las malabares, puedo contar también historias increíbles.

GIUSEPPE (*Se pone repentinamente muy serio.*) No hay historia más increíble que la propia realidad. ¡Eso sí que es un espectáculo fascinante! (*Con una sonrisa enigmática.*) Y eso es precisamente, señor Tancredi, lo que ofrecemos en este circo.

TOMASO Le confieso que tengo una curiosidad enorme por saber qué tipo de espectáculo hacen ustedes aquí. (*Mira a su alrededor.*) ¡Es todo tan extraño!

GIUSEPPE (*Con una sonrisa condescendiente.*) No se preocupe. No va a tardar mucho en saberlo. (*Señala un extremo de la carpa.*) Ahí llega Luigi, nuestro «tropecista».

(*Por el telón del fondo y con aire bastante distraído aparece* LUIGI, *un señor enclenque y desarreglado, de unos cincuenta años, cuya presencia nadie asociaría a la de un artista de circo. Antes de llegar donde se encuentran* TOMASO *y* GIUSEPPE, *tropieza. Está a punto de caerse, pero al final consigue conservar el equilibrio e incorporarse dando un saltito, como si hubiera ejecutado un triple salto mortal.*)

LUIGI   ¡Ale hop!

(GIUSEPPE *aplaude entusiásticamente.*)

GIUSEPPE ¡Pero qué bien se tropieza usted! Cada día lo hace mejor. (*Se dirige a* TOMASO.) El público adora su número. (*Observa el gesto de confusión de* TOMASO *y se sonríe.*) Les presento. Tomaso, un artista de circo de la vieja escuela que quiere trabajar con nosotros y Luigi, nuestro *tropecista.*

TOMASO   (*Da un pequeño respingo.*) ¿Tropecista? Antes pensé que había oído mal. (*Ladea la cabeza.*) Esto es de locos.

          (LUIGI *se acerca donde* TOMASO *para estrecharle la mano y en un palmo de terreno, con singular aparatosidad, vuelve a tropezarse, cayéndose esta vez al suelo, de donde se levanta rápidamente y con gran agilidad, lo que suscita otro aplauso entusiasta de* GIUSEPPE.)

GIUSEPPE ¡Bravo! ¡Bravo! (*Admirativo.*) ¡Cómo ha mejorado usted la caída! No me quiero ni imaginar cómo va a recibir el público su número mañana. ¡Es usted un grande!

(LUIGI, *sonriente y orgulloso, le extiende la mano a* TOMASO.)

LUIGI   Luigi Chelini, para servirle.

TOMASO   (*Mira alucinado a* LUIGI y GIUSEPPE.) Esto es una broma, ¿no?

GIUSEPPE   ¿A qué se refiere?

TOMASO   (*Algo molesto.*) A lo de *tropecista* en vez de tra-pecista. Y a lo de este número absurdo que acaban de representar los dos. (*Con un deje despreciativo.*) Usted debe ser el payaso del circo y quieren los dos afinar conmigo uno de sus numeritos y reírse a mi costa.

LUIGI   (*Indignado, encarándosele.*) Payaso, muy se-ñor mío, lo será usted, pero solo en sus ratos libres, pues se nota a la legua que carece de la dignidad para ejercer un oficio tan noble.

GIUSEPPE   (*Los separa.*) Venga, haya paz, señores. (*Le da a* LUIGI *unos toquecitos en la espalda.*) No se sulfure, Luigi. El señor Tancredi no ha visto todavía ninguno de nuestros números. Aún desconoce nuestra filosofía.

LUIGI   Pues como vuelva a llamarme payaso le en-casqueto nuestra filosofía y los doce tomos de la de Kant en la cabeza.

(LUIGI *se da la vuelta airado y sale por el lateral izquierdo, tropezándose casi a cada paso, ante la mirada admirativa de* GIUSEPPE *y el gesto de incomprensión de* TOMASO.)

GIUSEPPE   ¡Es un estajanovista! Está todo el rato ensayando. (*Mira a* TOMASO *con ojos escrutadores.*) ¿No le ha parecido admirable el número?

TOMASO   Me ha parecido más bien estúpido, la verdad.

GIUSEPPE   (*Severo.*) Con esa actitud tan cerril no vamos a llegar a ninguna parte. (*Se encoge de hombros.*) Tal vez usted no esté hecho para trabajar en este circo.

TOMASO   (*Reivindicativo.*) ¿Qué no estoy hecho para trabajar en este circo? He trabajado en toda clase de circos y ejecutado todo tipo de números y maniobras. He hecho absolutamente de todo, no se hace usted a la idea: me he tragado sables, sapos, pelotas de golf, incluso una vez me tragué una pelota de rugby; he hecho equilibrios a veinte metros de altura sobre una cuerda, sobre un hilo de coser y, a petición del público, sobre una tela de araña; he hecho el triple salto mortal sencillo y, hazaña solo alcanzada por mí, el triple salto mortal de necesidad. (*Orgulloso.*) No hay desafío circense que no pueda acometer.

GIUSEPPE   Nadie ha puesto en duda sus habilidades.

TOMASO   (*Más conciliador.*) Lo que quiero decirle, señor
           Camaressi, es que me veo preparado para asu-
           mir cualquier reto, cualquier desafío que pue-
           da suponer este circo. (*Humilde.*) Me adaptaré
           a lo que sea. Además, necesito este trabajo como
           el comer, o para ser más preciso, para comer.

GIUSEPPE   (*Chasquea la lengua.*) No es cuestión de adap-
           tarse o no adaptarse. Es cuestión de que inte-
           riorice nuestra idea de circo y se sienta partíci-
           pe de él. No tiene que suceder hoy, ni mañana,
           pero si realmente quiere trabajar con nosotros
           tendrá que convencerme de que va a poner
           todo de su parte para comprenderlo y que no
           se va a perder en la superficie de cada uno de
           nuestros números.

TOMASO   Pues si quiere que no me pierda ni en la su-
           perficie ni en el fondo de ellos tendrá usted
           que orientarme mejor. Hasta ahora solo me ha
           dado nociones vagas y algo enigmáticas de lo
           que hacen, sin más explicaciones.

           (GIUSEPPE *hace un gesto de anuencia.*)

GIUSEPPE   Pregúnteme lo que quiera.

TOMASO   Pues empecemos por lo último, ¿qué sentido
           tiene el número ese del *tropecista*?

GIUSEPPE   ¿De verdad no se ha dado cuenta de su rele-
           vancia? ¿No ha advertido su carácter meta-
           fórico e inspirador? ¿Realmente no ha sido

capaz de desentrañar el *leitmotiv* del espectáculo? (Tomaso *ladea negativamente la cabeza. Giuseppe habla con emoción, subrayando mucho cada palabra.*) No estamos solamente ante un hombre que se tropieza, sino ante un hombre que se tropieza, pero que no se cae; un hombre que se cae, pero que luego se levanta. (*Suspira.*) ¿No le parece eso incitador?

Tomaso — Sí, pero prefiero no decirle a lo que me incita. (*En ese momento el* Hombre Barbudo *atraviesa la pista con una silla y se sienta en medio del escenario, clavando la mirada en un punto indeterminado del espacio.* Tomaso *lo mira con curiosidad.*) ¿Quién es el señor ese que se acaba de sentar en medio de la pista?

Giuseppe — ¿Ese? (*Admirativo.*) ¡Es el hombre barbudo!

Tomaso — ¿El hombre barbudo?

Giuseppe — Sí, ¿no se había dado cuenta?

Tomaso — No resultaba sencillo distinguirlo detrás de esa barba.

Giuseppe — Es una de nuestras atracciones más exitosas.

Tomaso — (*Asombrado.*) ¿Una de sus atracciones más exitosas?

Giuseppe — ¿Me está haciendo eco o es que va para psicoanalista?

TOMASO   Pero, ¿cómo un hombre con barba puede ser una atracción circense?

GIUSEPPE   En realidad, es mucho más que un hombre con barba. (*Enfático.*) Es un hombre con barba colocado en el centro de una pista de circo.

TOMASO   (*Irónico.*) Ah, visto así.

GIUSEPPE   No se sonría usted. ¿Recuerda el urinario de Duchamp?

TOMASO   Me viene más a la cabeza el de Roca.

GIUSEPPE   Duchamp comprendió que lo ordinario podía ser extraordinario. Todo depende de la perspectiva y del marco en el que algo se presente. Un señor con barba en un café es sencillamente un señor con barba, pero un señor con barba en el centro de una carpa de circo, con las luces apagadas y un foco de luz proyectado sobre él, es mucho más que un señor con barba.

TOMASO   Sí, un señor con futura fotofobia. (*Manteniendo el tonillo irónico.*) ¿Y qué cosas hace el señor ese en el centro del escenario?

GIUSEPPE   ¡Muchas cosas!

TOMASO   ¿Cuáles?

GIUSEPPE   (*Pensativo.*) Se mesa la barba.

TOMASO   ¡Oh!

GIUSEPPE   Y también se la rasca.

TOMASO   ¿La barba?

GIUSEPPE   Sí, hombre, qué se iba a rascar si no. Piense usted que es el hombre barbudo.

TOMASO   Me resulta imposible pensar ahora mismo en otra cosa. (*Extremando el tonillo irónico que lleva sosteniendo desde que iniciaron la conversación.*) Así que se la rasca, ¿no?

GIUSEPPE   Sí.

TOMASO   ¿Y se la rasca mucho?

GIUSEPPE   Solo cuando le pica.

TOMASO   Eso es muy natural.

GIUSEPPE   Si se la rascara cuando no le picase el número perdería su gracia.

TOMASO   Claro…

GIUSEPPE   La gente pide a veces que se la rasque, pero si no le pica, a él no le sale.

TOMASO   Y entonces, ¿qué hace?

GIUSEPPE   Se la mesa.

TOMASO   ¡Cómo no se me había ocurrido! ¿Y se la mesa mucho?

GIUSEPPE   Cuando le da por pensar.

TOMASO   ¿Y piensa a menudo?

GIUSEPPE   Sí.

TOMASO   ¿Y en qué piensa?

GIUSEPPE   En mesarse la barba.

TOMASO   ¡En qué otra cosa iba a pensar si no!

GIUSEPPE   En fin, ya se lo puede imaginar usted: es todo un numerazo. (GIUSEPPE *mira con admiración al* HOMBRE BARBUDO, *que sigue sentado en medio del escenario, sin hacer aparentemente nada.*) Si quiere podemos hablar en un rato con él. Está acabando de ensayar su número.

(TOMASO *mira al centro de la carpa esperando ver algo especial y al dirigir su mirada hacia allí, observa, con cierta estupefacción, al* HOMBRE BARBUDO *en la misma disposición y postura de antes. Prosigue con el tono irónico.*)

TOMASO   Sí, yo también lo había notado.

GIUSEPPE   ¡Mire! ¡Es el mesado final! (*El* HOMBRE BARBUDO *se mesa la barba suavemente y se levanta de la silla.* GIUSEPPE *esboza un mohín de disgusto al ver cómo ha efectuado ese último movimiento y le hace un ademán para que se acerque a ellos.*) Por favor, no le diga nada sobre el final del número. Las críticas le afectan muchísimo. Es un hombre muy sensible.

TOMASO Como todos los fotofóbicos.

GIUSEPPE (*Con aire preocupado.*) Supongo que se ha percatado de que le ha quedado muy flojo el final. Demasiado sobreactuado.

TOMASO ¡Claro que me he percatado! ¿Cómo no me iba a percatar?

(*El* HOMBRE BARBUDO *llega hasta donde están ellos. Parece inquieto.*)

HOMBRE BARBUDO ¿Qué tal he estado?

GIUSEPPE ¡Fabuloso!

H. BARBUD ¿Seguro? Creo que he sobreactuado un poco en la parte final.

GIUSEPPE ¡Qué va! Justo ahora me estaba diciendo el señor Tancredi lo bien que le había quedado esa parte.

H. BARBUD (*Ansioso, mira a* TOMASO.) ¿Usted cree?

TOMASO No, soy ateo. O agnóstico. No sabría decirle.

H. Barbud   Me refería a que si le ha parecido bien el final de mi número.

Tomaso   (*Nervioso, responde muy enfáticamente.*) ¡Me ha parecido magnífico!

H. Barbud   Un poco sobreactuado, ¿no?

Tomaso   Como me lo ha preguntado así, a bocajarro, es posible que le haya contestado un poco pomposamente.

H. Barbud   No me estaba refiriendo a su respuesta, sino a mi número.

Tomaso   (*Más enfático todavía.*) ¡Su número me ha parecido extraordinario, glorioso, diría yo!

H. Barbud   Demasiado sobreactuado.

Tomaso   ¡Qué va! Lo ha ejecutado de forma ejemplar. No se ha mesado ni mucho ni poco. Lo justito.

H. Barbud   Ahora me estaba refiriendo a su contestación.

(*El* Hombre Barbudo *mira a* Tomaso *reprobadoramente. Hay un momento de silencio, casi de tensión.* Tomaso *mira al* Hombre Barbudo *y, para aliviar la carga del silencio, dice lo primero que se le ocurre.*)

Tomaso   Este asunto de la barba, ¿le viene por parte de padre o de madre?

H. BARBUD   Creo que un poco por parte de los dos. Mi padre tenía una barba estupenda, muy recortadita, aunque un poco finita para mi gusto. Yo la miraba con admiración. Y mi madre, la verdad, tenía un poco de pelusilla.

TOMASO   (*Se toca por el encima del labio.*) ¿Por la zona del bigote?

H. BARBUD   No, quiero decir que tenía un poco de «pelusilla» por como yo miraba la barba de mi padre.

TOMASO   ¡Ah! Perdóneme. Como dijo que lo de la barba venía también por parte de madre, lo interpreté mal.

H. BARBUD   Lo que quería decir es que también en la familia de mi madre había afición por las barbas. Mi abuelo, por ejemplo, tenía una muy recia, con pelos duros como espartos. Cuando nos besaba nos dejaba la cara hecha un cromo.

(*Silencio.*)

TOMASO   (*De nuevo por decir algo.*) Entonces, usted ya desde pequeño quería tener barba, ¿no?

H. BARBUD   Sí, desde que tengo uso de razón ese ha sido mi sueño. Mis amigos, de mayor, querían ser futbolistas o policías y yo barbudo. En las funciones de Navidad del colegio siempre hacía de San José. Me encantaba ponerme la barba postiza y sentir las cosquillitas (*Se toca la garganta y el cuello.*) que te hacía por el cuello… (*Se ríe infantilmente como si estuviera sintiendo las cosquillas.*) Ya adolescente me aficioné al comunismo, al asociarlo a un asunto de barbas. (*Emocionado.*) ¡Qué barbas, dios mío, las de Marx! ¡Qué pelambres, virgen santa, las de Engels! En homenaje a este último le puse *Friedrich* a mi primer cánido, obviamente de raza *Schnauzer*, que puede no ser un nombre bonito para un perro, pero como ejercicio de logopedia no tiene precio. (*Suspira.*) Pero la afición al comunismo se me quitó rápido al estudiarlo más a fondo y darme cuenta de que, con el tiempo, su mensaje se había ido distorsionando y que esta distorsión había sucedido, y no por casualidad, cuando el comunismo dejó de ser un asunto de barbas y se transformó, con Lenin y Trotski, en un asunto de perillas. Con ellos se empezó a estropear bastante la cosa, hasta que se estropeó completamente cuando con Stalin, el comunismo se convirtió en un asunto de bigotes. Ya sabe lo que dice el dicho «*Si das con alguien con bigote pon a salvo tu cogote*». (*Suspira.*) Luego me aficioné al anarquismo. Obviamente, a causa de Bakunin, que aunque lucía una barba mucho menos rotunda que la de Marx y Engels, tenía un toque apaisado y rebelde que me encandilaba. Pero mi anarquismo, feroz durante un tiempo, se desinfló con Durruti. ¡En su cara no había un solo pelo! ¡Qué anarquía vas a implantar en el mundo si has implantado en tu rostro el afeitado *Gillete*! (*Suspira aún con más fuerza, piensa en algo y se pone serio.*) Siempre he creído que la república perdió la guerra precisamente por eso, por no haber nombrado presidente a alguien con barba. (*Enumera.*) Azaña, Negrín, Largo Caballero…. (*Con tristeza.*) Todos ellos tenían el rostro completamente rasurado y eso, en mi opinión, es lo que explica la derrota del bando republicano.

TOMASO   Franco tampoco tenía barba y aún con esas, o más bien sin esas, ganó la guerra.

H. BARBUD   Ya, pero es que él era un bárba… ro.

TOMASO   ¡Ha hecho usted un juego de palabras!

H. BARBUD   Pues lo retiro. No me gustan los juegos de palabras. Constituyen una distracción y yo no me puedo distraer más, que ya soy de consumo muy distraído, tanto, que hoy ya van tres las veces que me han *distraído* la cartera.

(*De nuevo hay un momento de silencio.* TOMASO *mira al* HOMBRE BARBUDO *con los ojos llenos de asombro.*)

TOMASO   ¡Menuda obsesión tiene usted con las barbas!

H. BARBUD   ¡No lo sabe usted bien! (*Habla muy rápido.*) Me cambié el apellido a Barbosa, me casé con una chica que se llamaba Bárbara, con la que me fui de viaje de novios a Barbados y con la que me establecí, a la vuelta, en Barbate, donde echamos los primeros barbajos de nuestra relación. (*Sonríe melancólico.*) Con ella siempre me reía una barbaridad. Durante los primeros años que estuvimos juntos me pareció todo tan bárbaro, que me engañé pensando que ella compartía conmigo mi fascinación por las barbas; debido a ese error no me di cuenta de que esa obsesión mía estaba erosionando de forma irremediable nuestra relación. (*Pausa.*) Mi vecino, al que acababa de dejar su mujer, me advirtió de que lo mismo me iba a pasar a mí, pero yo no le di crédito y *cuando las barbas de mi vecino vi pelar no puse las mías a remojar.* El caso es que ella, harta de mi sempiterna obsesión, me terminó abandonando por otro que lucía siempre un afeitado perfecto. *La sotana no hace al cura, ni el afeite la hermosura,* le dije yo al ver a aquel señor tan rasurado. *A la fruta verde y al hombre barbado darle de lado,* me contestó ella garbosa. (*Sonriendo.*) Al final, como yo preveía, aquella relación barbilampiña duró poco más de un mes.

TOMASO   ¿Qué sucedió?

H. BARBUD   Bárbara lo dejó cuando se enteró de que su tío era Gregorio Peces Barba.

TOMASO   ¡Qué contrariedad!

H. Barbud   Pero a pesar de haber abandonado a su nuevo novio, ella no quiso volver conmigo. Y yo sufrí de nuevo una barbaridad.

Tomaso   ¡Cómo iba usted a sufrir de otro modo!

H. Barbud   Entonces me dije a mí mismo para animarme: *A barbas de indio, navaja de criollo.*

Tomaso   ¿Quééé?

H. Barbud   Que a grandes males, grandes remedios.

Tomaso   ¡Ah!

H. Barbud   Había llegado un circo nuevo a la ciudad en el que se anunciaba, como una de sus principales atracciones, a *La mujer barbuda*, así que, en un intento desesperado de olvidar a Bárbara, me fui a conocerla y a pedirle que fuera mi esposa, pero no tuve suerte. Se había enamorado del hombre bala y ambos decidieron casarse y escaparse juntos del circo. Un día se vistieron de gala, le pusieron doble carga al cañón, prendieron la mecha y «proyectaron» así su viaje de novios.

Tomaso   Lo que se ahorra viajando de ese modo. ¿Llegaron muy lejos?

H. Barbud   Hasta la capital.

Tomaso   ¡Pero eso son cien kilómetros lo menos!

H. Barbud   Los únicos que recorrieron volando fueron los primeros cincuenta.

Tomaso   ¿Kilómetros?

H. Barbud   No, metros.

Tomaso   ¿Y cómo recorrieron el resto?

H. Barbud   En ambulancia.

Tomaso   Más barato que un taxi.

H. Barbud   Sí.

Tomaso   Y además te permiten ir tumbado.

H. Barbud   Todo son ventajas.

(Silencio. Tomaso *ladea la cabeza intentando comprender algo.)*

Tomaso   Pero ¿por qué es para usted tan importante tener barba?

H. Barbud   Porque casi todo lo verdaderamente trascendente que se ha hecho en el mundo ha sido realizado por gente provista de ella. Mire si no las tres grandes religiones monoteístas, que son todas ellas religiones barbadas: ahí tiene usted a los rabinos, a los profetas, a Jesús o al mismísimo Mahoma, del que se asegura que lucía también su buena barba…Y fuera del ámbito sacro, ¿qué decir de Platón, de Aristóteles, de Darwin, de Lincoln, de Marx, de Engels y de tantos y tantos otros? (*En un tono más solemne.*) La barba es un símbolo de sabiduría, pero también, un símbolo de libertad y de comunión entre los hombres. Cada pelo de la barba es como un árbol dentro de un bosque, que aunque crece libre, al final se termina sumando a un conjunto que lo trasciende. Así, un árbol, al igual que los pelos de una barba, tiene un componente de desafío, de rebeldía y de libertad, pero también, al mismo tiempo, un componente de permanencia, serenidad y sumisión a algo más trascendente que él. (*Emocionado.*) ¡Cada barba que hay en la tierra lanza al mundo un mensaje de amor y concordia universal!

TOMASO   ¡Se expresa usted bárbaramente!

H. BARBUD   Le estoy muy *barbarecido* por su elogio.

TOMASO   ¡Acaba de hacer otro juego de palabras!

H. BARBUD   Es que me salen solos, como los jugos gástricos.

     (*Hay un momento de silencio.* TOMASO *parece darle vueltas a algo.*)

TOMASO   (*Curioso.*) ¿Y cómo fue que terminó trabajando en este circo?

H. BARBUD   Como seguramente habrá deducido, el circo al que fui a buscar a *La mujer barbuda* era este. Me hice entonces muy amigo de (*Lo mira cariñosamente.*) Giuseppe, que estaba por esas fechas desesperado, porque el circo no iba nada bien. Unos meses después de conocernos, cuando ya le había perdido la pista, Giuseppe me llamó y me dijo que había tenido una idea brillante para reflotarlo y que contaba conmigo para uno de los números principales. (*Se sonríe.*) Cuando me contó lo que quería que yo hiciera y el nuevo concepto de espectáculo que había concebido me pareció todo originalísimo y acepté su propuesta sin dudarlo.

GIUSEPPE   (GIUSEPPE *le alarga cariñosamente la mano al* HOMBRE BARBUDO *y asiente con una sonrisa.*) Sí, estuvo conmigo desde el principio. Fue un gran apoyo. ¡No sabe cuánto se lo he agradecido siempre!

H. BARBUD   (*Emocionado.*) Soy yo el que le estaré agradecido a usted de por vida. (*Con gesto de cansancio.*) En fin, señores. Me voy a descansar un rato, que el ensayo me ha dejado exhausto.

               (*El* HOMBRE BARBUDO *se despide de* TOMASO *y de* GIUSEPPE *y hace mutis por el fondo.* GIUSEPPE, *incómodo, se toca la boca. Señala el saco de* TOMASO.)

GIUSEPPE   ¿No tendrá usted por ahí algo de beber? Me muero de sed.

TOMASO   Tengo agua mineral.

            (*Saca una botella de agua del saco.*)

GIUSEPPE   ¿Mineral? No, mejor no. Tengo piedras en el riñón.

TOMASO   ¿Cálculos?

GIUSEPPE   El doctor me dijo que unas quince.

TOMASO   (*Saca otra botella del saco.*) Pues si lo prefiere tengo agua con gas.

GIUSEPPE   ¿Con gas? Tampoco puedo. Padezco dispepsia.

TOMASO   A mí también se me olvida todo.

GIUSEPPE   Eso es amnesia.

TOMASO   ¿Amnesia? ¿Eso no es lo que la gente confunde con la gimnasia?

GIUSEPPE   Eso es el magnesio.

TOMASO   ¿Ese no era el malo de X-Men? (GIUSEPPE *se encoge de hombros sin saber qué responder. TO-MASO, tras unos instantes de silencio, le mira curioso y decide preguntarle algo que llevaba un rato rondándole por la cabeza. Frunciendo el ceño interrogativamente.*) Tengo mucha curiosidad. ¿Qué fue lo que le impulsó a darle un giro tan radical a su circo?

GIUSEPPE   El negocio se estaba yendo a la ruina. La mujer barbuda se había ido con el hombre bala. El domador de leones se escapó con la contorsionista. El trapecista con la malabarista. (*Se encoge de hombros.*) El hombre cañón se puso un poco fofo, y dejó de ser el hombre cañón. (*Suspira sobrepasado.*) ¡Al circo le crecieron los enanos!

TOMASO   Jajaja. ¡Qué bien traída la expresión! (*Mira el gesto apesadumbrado de* GIUSEPPE.) Lo de que al circo le crecieron los enanos era figurado, ¿no?

GIUSEPPE   Literal, amigo, literal. (*Se encoge de hombros.*) Teníamos un enano muy gracioso, Jovanotti, el alma del circo que, después de ahorrar durante años, se compró las hormonas del crecimiento que tan buen resultado le habían dado a Messi. (*Suspira hondamente.*) Ingirió dos frascos de golpe.

TOMASO   ¿Funcionaron?

GIUSEPPE   Ahora es pívot del Joventut de Badalona.

TOMASO   (*Silba.*) ¡Cuánta desgracia!

GIUSEPPE   Pero lo peor de todo fue lo del domador de
            pulgas.

TOMASO   ¿Teníais un domador de pulgas?

GIUSEPPE   Sí, con pulgas y todo, no se crea. El pobre fue
            perdiendo poco a poco la vista y claro, ya no
            veía las pulgas.

TOMASO   ¡Qué terrible drama para un domador de pul-
            gas!

GIUSEPPE   Y como ya no las veía tuvo que empezar a do-
            mar moscas; luego, al perder un poco más de
            vista, pasó a domar ratones, después perros,
            hasta que al final acabó como domador de
            elefantes.

TOMASO   ¿Y qué tal le va?

GIUSEPPE   (*Ladea la cabeza.*) No levanta cabeza.

TOMASO   ¿Literal o figuradamente?

GIUSEPPE   (*Se santigua.*) Literalmente. Muy literalmen-
            te si se me permite la expresión.

TOMASO   Se le permite. Se le permite. (*Intrigado.*) ¿Qué
            es lo que le sucedió entonces a ese buen señor?

GIUSEPPE   Como no veía, tanto figurada como literalmente,
            un pimiento, creyó que los elefantes eran pul-
            gas y se obstinó en hacer con los paquidermos

los mismos números que hacía con aquellas. (*Ladea la cabeza y suspira apesadumbrado.*) Y un día le dio por acabar su función con su número más especial…

TOMASO   (*Cada vez más intrigado.*) ¿Cuál era su número especial?

GIUSEPPE   El ocho. Siempre le daba mucha suerte en los ciegos.

TOMASO   Me refiero al número de circo que causó su desgracia.

GIUSEPPE   Era uno de equilibrios que hacía con las pulgas montadas en un monociclo colocado sobre su cabeza. (*Suspira de nuevo con tristeza.*) Se obstinó en hacer esos mismos equilibrios, pero en vez de con pulgas con elefantes.

TOMASO   Por eso decía usted antes que no levantaba cabeza…

GIUSEPPE   Sí, no levantó cabeza hasta que llegó el forense y certificó la causa de su muerte.

TOMASO   ¿Aplastamiento?

GIUSEPPE   No, no miente usted. Murió aplastado.

TOMASO   ¿Y qué hizo entonces, abrumado por tantas desgracias?

GIUSEPPE   Después de reflexionarlo un tiempo, me di cuenta de que ese cúmulo de desdichas era lo mejor que me podía haber sucedido. El circo clásico estaba pasando a la historia y cada vez acudía menos gente a las representaciones. Por eso decidí darle al circo un aspecto diferente.

TOMASO   Eso lo ha conseguido, no lo dude.

GIUSEPPE   Me costó mucho encontrar el nuevo concepto de espectáculo que estaba buscando, esa es la verdad. Pero tuve mi momento de epifanía.

TOMASO   Y yo un tío abuelo que se llamaba Epifanio. Al que, por cierto, por error, le pusieron en la lápida Epitafio.

GIUSEPPE   ¿En serio?

TOMASO   Sí, Epifanio. No se extrañe usted. Antes era un nombre bastante común.

GIUSEPPE   (*Ensimismado.*) Ese glorioso momento sucedió una tarde de agosto en un parquecito de las afueras. ¡Era todo tan maravilloso! Un señor leía en un banco con la sonrisa suspendida en la boca; dos enamorados se besaban debajo de los tilos; una mujer corría detrás de un niño, que no paraba de reírse, como si escaparse de su madre fuera lo más increíble y divertido del mundo…. Vi por todos lados magia, luz, alegría, serenidad, en definitiva: vida… Y me di cuenta de que todo aquello

era extraordinario… y que quizá el único problema que había en todo ello era que fallaba
el marco.

TOMASO   ¡Cómo no iba a fallar! Desde que está el euro,
el marco no te lo cogen ni en Alemania.

GIUSEPPE   (*Suspira emocionado.*) Un pez nunca se dará
cuenta de lo inconcebible que es poder respirar bajo el agua; un ave nunca será consciente
de lo maravilloso que es volar, y nosotros, mucho más estúpidos que ellos, porque tenemos
las herramientas para llegar a comprenderlo,
no somos capaces de percibir lo extraordinario
que es respirar y estar vivos. (*Pausa.*) Pues bien,
habiendo entendido esto decidí, manteniendo
en lo posible el espíritu del circo de toda la
vida, colocar en él todas esas cosas tan ex-
traordinarias que la gente en su día a día no
es capaz de ver en su verdadera y maravillosa
dimensión.

(*Se hace un nuevo silencio.* TOMASO, *a pesar de
la emoción de* GIUSEPPE, *sigue empleando aún
cierto tonillo irónico.*)

TOMASO   Y qué, ¿está siendo un éxito?

GIUSEPPE   (*Suspira con tristeza.*) Si el éxito se cifra en que
el circo esté siempre repleto de público y la
gente aplauda a rabiar con cada número, está
siendo un éxito fenomenal. Pero si el éxito lo
cifra uno en que ese público salga luego a la

calle y mire fascinado todo lo que sucede a su alrededor, está siendo un fracaso estrepitoso.

(TOMASO *abandona el tonillo irónico. Habla en un tono más empático.*)

TOMASO   No tiene que torturarse de esa manera, Giuseppe. Está siendo demasiado ambicioso. Un circo lo que tiene que hacer es distraer. Nada más.

GIUSEPPE   (*Saltando como un resorte.*) ¿Distraer? ¿Más aún? ¿No vivimos todos distraídos permanentemente? ¿No está el mundo lleno por todos lados de distracciones? (*Lo mira fijamente.*) ¿Qué problema hay en volver la vista un instante a las cosas verdaderamente importantes que hay a nuestro alrededor? (*Con énfasis.*) La función del circo ya no puede ser la de distraer. Su función debe ser precisamente la contraria: la de atraer la atención del público sobre lo fundamental, sobre lo inevitable, sobre lo maravilloso… (*Mira a su alrededor y habla rápida, emocionada e imperativamente. Señala la barra del bar.*) ¿Ve aquello del fondo?

TOMASO   ¿La barra del bar?

GIUSEPPE   Sí. ¿Sabe qué espectáculo hacemos allí?

TOMASO   No.

GIUSEPPE   (*Abriendo mucho los ojos.*) ¡El del filósofo! (*Sonríe ante la cara de perplejidad de* TOMASO.)

Es un número sensacional. Un señor, inopinadamente, aparece en escena tomándose unos vinos y diciendo «no hay mal que por bien no venga»; «la vida son cuatro días y hay que vivirla como si cada uno de ellos fuera el último»; «una actitud positiva puede hacer que los sueños se hagan realidad». O también puede decir, si tiene un día menos optimista, «no somos nada» o «polvo somos y en polvo nos convertiremos». Como ve siempre dice frases rotundas, verdaderas, implacables. Oídas millones de veces, cierto, pero casi nunca escuchadas, frases que hacen al viento cada día más sabio, pues por desgracia es el único que se las lleva consigo… Ese señor, nuestro filósofo, el que se apoya contra la barra, es un señor cualquiera: puede tener estudios o no, puede haber leído tres libros o trescientos, puede haberse tomado, antes de proferir sus implacables frases, una cerveza o veinticinco vinos. En cualquiera de los casos, estamos ante un filósofo fenomenal, un hombre que tiene las claves de la existencia, alguien que sabe lo que es la felicidad, la tristeza, el dolor…(*Con una mezcla de rabia y tristeza.*) ¿Y usted cree que a ese señor, un héroe de nuestro tiempo, salido de un bar cualquiera de un pueblo cualquiera de nuestro país, le hace caso alguien en la vida real? (*Con rabia.*) ¡No! ¡Nadie! A lo sumo recibirá de los que están a su alrededor sonrisas condescendientes o miradas de desprecio y de superioridad. ¡Y estamos hablando de todo un filósofo! De un Sócrates de nuestra era. (*Con énfasis.*) Fuera, en el mundo real, ese hombre es despreciado o tomado a risa, pero aquí, en nuestro circo, en mitad de la pista, apostado en la barra de un bar, ese hombre es como un Dios. (TOMASO *va a replicarle algo, pero* GIUSEPPE *lo corta abruptamente. Señala al ángulo derecho de la pista.*) ¿Ve aquellos pupitres y aquella pizarra?

TOMASO   Tengo muchos defectos, pero uno de ellos no es la ceguera.

GIUSEPPE   (*Enigmático.*) Ahí trabaja nuestro vidente.

TOMASO   (*Sorprendido.*) ¡Tienen un futurólogo! Al fin un número clásico.

GIUSEPPE   No se equivoque. No es en realidad un futurólogo. No adivina el futuro sino el pasado. (TOMASO *explota en una carcajada.*) No se ría. Adivinar el futuro no tienen ninguna complicación. ¿Desconoce usted las ideas de la nueva física? La mecánica cuántica ha demostrado que todos los futuros son posibles, que no hay un único porvenir, sino infinidad de ellos, por eso no tiene ningún mérito predecir lo que va a suceder pasado mañana. Es una cuestión de azar. De suerte. Sin embargo, adivinar el pasado es muchísimo más complicado. ¡Eso no lo puede predecir cualquiera! Solo hay un pasado, y solo el que lo conozca bien puede profetizarlo. Es algo que solo está al alcance un verdadero *pasadólogo*.

TOMASO   (*Despectivo.*) Y de la Wikipedia y de cualquier profesor de historia.

GIUSEPPE   (*Reprendiéndolo.*) A lo que usted llama profesor de historia nosotros, en nuestro espectáculo, lo llamamos vidente del pasado, profeta del ayer o adivinador inverso.

TOMASO   (*Con extrema ironía.*) Ya. Y al borracho de la barra de bar, filósofo.

GIUSEPPE   (*Indignado.*) ¡Le llamamos lo que es! (*Con emoción.*) Eso es justamente lo que hace este circo: otorgarle a las personas la dimensión y el nombre que se merecen. La percepción de la gente sobre ellas las ha empequeñecido, distorsionado. Nosotros reintegramos a cada una de esas personas su verdadero valor. Y con ese valor recuperan aquello que un mundo egoísta y ciego les había arrebatado: su dignidad de hombres. (*Lo mira a los ojos, casi desesperado.*) ¿De verdad que no lo comprende? ¿No es capaz de entender por qué este circo, y más en una época tan confusa como esta, resulta más necesario que nunca?

    (*Hay un momento de silencio tenso o más bien expectante.* GIUSEPPE *escruta la mirada de* TOMASO *para intentar captar si sus palabras han calado o no en él.* TOMASO *le está dando vueltas a algo. La emoción de* GIUSEPPE *parece haberle afectado.*)

TOMASO   Pues mire, la verdad es que no lo entiendo, no
           le voy a engañar. Lo que me dice me parece
           absurdo, estúpido; una tontería descomunal.
           (*Suspira.*) Pero seguramente hace cientos de
           años, cuando alguien concibió la primera idea
           del circo, otros le dijeran a él lo mismo que le
           estoy diciendo yo ahora a usted. (*Pausa. Muy
           serio.*) Le voy a decir una cosa: usted ha de-
           mostrado tener algo que para mí es funda-
           mental en este oficio y que llevaba años sin
           vivir de cerca, la pasión por el circo. (*Lo mira
           emocionado.*) Me basta con ver esa pasión en
           usted para saber que merece la pena quedar-
           me a descubrir que lo que hoy me parece un
           absurdo y una estupidez mañana, seguramente,
           me parecerá algo insólito y maravilloso.

           (GIUSEPPE *lo mira muy sonriente, con un matiz
           de orgullo y satisfacción en la voz.*)

GIUSEPPE   ¿Sabe lo que le digo? Que podemos descor-
           char el champán. Es usted ya un trueno más
           del gran rayo que es este circo.

TOMASO   ¿En serio?

GIUSEPPE   Nunca bromeo cuando empleo símiles at-
           mosféricos.

TOMASO   (*Muy contento.*) ¡Qué alegría! ¡No sabe lo feliz
           que me hace! (*Con un repentino gesto de preo-
           cupación.*) Me quedo, de acuerdo ¿pero haciendo

qué número? ¿El de tragarme sables, el de equilibrios suspendido sobre una cuerda o el del triple salto mortal de necesidad?

GIUSEPPE Ninguno de ellos, señor Tancredi. Todos esos números son muy vulgares. Necesitamos uno que de verdad sea extraordinario.

TOMASO Puedo hacer equilibrios en la cabeza con una tuerca, un ladrillo y el tomo séptimo de la enciclopedia Larousse.

(GIUSEPPE *ladea la cabeza tristemente.*)

GIUSEPPE Eso también está muy visto. (*Piensa rápidamente en algo y le cambia el gesto, como si hubiera tenido una idea brillante.*) ¿Podría hacer usted equilibrios con un sombrero?

TOMASO ¡Claro! Uno de mis mejores números consiste precisamente en hacer malabares con tres sombreros de copa.

(*Le muestra el saco que lleva consigo y extrae de él los tres sombreros de copa. Hace ademán de lanzarlos al aire.*)

GIUSEPPE No me refiero a hacer malabares, sino a hacer equilibrios con un sombrero de copa encima de la cabeza.

TOMASO ¿Solo con uno?

GIUSEPPE   Sí. Hacerlo con los tres distraería la atención del público. (*Hace el gesto de ponerse un sombrero.*) Sería un número sensacional.

TOMASO   (*Con un gesto de incomprensión.*) ¿Ponerse un sombrero en la cabeza sería un número sensacional?

GIUSEPPE   (*Ladea la cabeza.*) No me ha entendido. Ponerse un sombrero en la cabeza sería algo ordinario, hacer equilibrios con él en medio de una carpa de circo sería lo excepcional.

(GIUSEPPE *vuelve a hacer el gesto de ponerse un sombrero acompañando sus últimas palabras lo que desconcierta a* TOMASO *aún más.*)

TOMASO   A ver si lo entiendo. Este número tan fenomenal que dice usted consistiría, básicamente, en que yo saliera a escena con un sombrero de copa puesto.

GIUSEPPE   Puesto de forma que no se le caiga, por supuesto.

TOMASO   O sea que me lo tendría que calar.

GIUSEPPE   No, sería mejor que no se lo fumara. No hay presupuesto para comprarle uno nuevo en cada función. ¿Se ve usted capaz de afrontar este reto?

TOMASO   (*Irónico.*) Llámeme loco, pero me veo capaz de ponerme un sombrero.

GIUSEPPE   (*Serio.*) Si no ha entendido la diferencia entre ponerse un sombrero (*Vuelve a hacer el gesto de calárselo.*) y hacer equilibrios con él en medio de la carpa del circo, el número no le va a salir bien. Es mucho más complicado de lo que piensa.

TOMASO   (*Suspira superado.*) No, si yo ya no pienso en nada.

GIUSEPPE   (*Lo mira con cariño y le pone una mano en el hombro.*) No se agobie, señor Tancredi. El número va a salir perfecto. Ya verá. Confíe en mí. (*En ese momento entra en escena por el telón rojo del fondo* LA MUJER. *Es una mujer de las que quitan el hipo y por la que uno se dejaría quitar todos los ahorros. Anda un poco lánguidamente y se sienta en la butaca que hay entre la mesa tocador y la cama. Se descalza lentamente, pone los pies encima de la cama, y pega un pequeño eructo. El regüeldo no ha sido expulsado en plan basto, sino que ha sido exhalado con la naturalidad con la que uno se desprende de lo excedente, siguiendo la conocida tesis de que hay cosas que es mejor dejarlas fuera que dentro. Los ojos de* TOMASO *se abren como dos lirios con exceso de floración. La mira absolutamente embelesado.* GIUSEPPE *se apercibe de su atontamiento y reprime un gesto de disgusto.*) Es natural que se fije en ella. Es maravillosa. Una mujer auténticamente extraordinaria.

TOMASO   (*La mira embobado.*) ¡Ya lo veo!

GIUSEPPE   (*Seco.*) No, no lo ve. El problema es ese. Que no lo ve ni usted ni nadie. Al menos no logra verlo nadie fuera de esta carpa… Se equivoca si ha pensado que al decirle que era extraordinaria me estaba refiriendo a su belleza. Lo más extraordinario de ella no es ni mucho menos eso.

TOMASO   (*Más embobado a cada instante.*) Pero aún así, su belleza es extraordinaria.

GIUSEPPE   (*Más enfadado.*) Insisto. Su belleza es extraordinaria en el mundo exterior. (*Mueve despectivamente la mano.*) Más allá de esta carpa. En ese mundo en el que la gente no logra ver más que lo aparente; pero aquí, bajo las luces y los focos, su belleza resulta vulgar, lo que hace que sea aún más excepcional. (*Solemne.*) En este circo demostramos que lo ordinario puede ser extraordinario, pero también demostramos lo contrario. Que aquello que consideramos extraordinario puede resultar de lo más común.

TOMASO   (*Cada vez más deslumbrado, sin dejar de mirarla en ningún momento.*) ¿Y cómo terminó trabajando con ustedes esa diosa?

GIUSEPPE   Vino un día a ver nuestro espectáculo y se quedó prendada de él. Me pidió que la dejáramos quedarse con nosotros, aunque fuera limpiando suelos o doblando la carpa del circo. Estaba harta del mundo exterior. De que la juzgaran siempre por su apariencia. Cansada de que la miraran sin verla. Hastiada de todos esos novios dementes que había tenido...

TOMASO   ¿Novios dementes?

GIUSEPPE   Sí, novios dementes. (*Ladea tristemente la cabeza.*) Uno la dejó porque se la encontró orinando en el baño. No podía concebir que una mujer como ella hiciera ese tipo de cosas. Otro, que la veía como una obra de arte, le construyó un marco a medida y la colgó como si fuera un cuadro. Diez años lleva ya el muchacho en el psiquiátrico. Otro le dijo que tenía preciosos los ojos, la boca, los labios, las orejas, las manos, las rodillas, y cuando La Mujer le espetó que lo más bonito de ella estaba en su interior, le dijo que tenía precioso el páncreas e intentó extraérselo.

TOMASO   ¡Dios santo!

GIUSEPPE   La belleza obnubila, amigo mío. No sabemos convivir con ella. Le atribuimos poderes taumatárgicos y terapéuticos, lo que termina por conducir, inevitablemente, a lo criminológico y a lo psiquiátrico.

TOMASO   (*Escandalizado.*) ¿Y tiene usted a esa deidad limpiando y doblando carpas?

GIUSEPPE   ¡Que va! Es la protagonista del número estrella del circo. Nada más verla supe que su espectáculo iba a causar sensación.

TOMASO   (*La señala de nuevo arrobado, sigue sin poder dejar de mirarla.*) ¿Y cuál es su número?

GIUSEPPE   El siete. Desde pequeña siempre le ha traído suerte.

TOMASO   Me refiero al número que hace en el circo.

GIUSEPPE   Se coloca en el medio del escenario, que como ve está dispuesto a guisa de habitación, y hace lo que cualquier persona haría cuando está solo en su cuarto: dormir, leer, hurgarse en el hueco de los dedos de los pies y olerse después las manos …

TOMASO   ¡Un Gran Hermano!

GIUSEPPE   No, yo para ella sería más bien como un padre.

TOMASO   Me estoy refiriendo a ella.

GIUSEPPE   Ella sería más bien para mí como una hija.

             (TOMASO *mueve la cabeza al borde del desespero, pero, al coincidir brevemente su mirada con la de* LA MUJER, *retorna a él el embeleso.*)

TOMASO   ¡Me gustaría tanto conocerla y hablar con ella!

GIUSEPPE   Para hablar con ella hay que saber su nombre. Y eso es algo que no está al alcance de cualquiera.

TOMASO   Por lo pronto está al alcance de cualquiera que
            trabaje en el Registro Civil.

GIUSEPPE   Si usted le menta el nombre que tiene en el
            Registro Civil, la cosa acaba en lo criminal.
            No lo soporta. Siente ese nombre como una
            imposición. (*Enigmático.*) Cada día tiene un
            nombre diferente. Y hay que adivinarlo para
            poder hablar con ella.

TOMASO   No entiendo.

GIUSEPPE   Ella siente que el nombre no puede ser algo
            estático, sino que debe variar al igual que lo
            hacen sus emociones, sus sentimientos o su
            estado de ánimo… Hoy se siente María, quizá
            mañana se sienta Luisa y pasado mañana tal
            vez Ana. Su nombre cambia constantemente.

TOMASO   ¿Y cómo puede saber uno cuál es el nombre
            que tiene cada día?

GIUSEPPE   Siempre da pequeñas pistas. Ayer, por ejem-
            plo, tenía su habitación llena de rosas.

TOMASO   Entonces se llamaría Rosa.

GIUSEPPE   No, su nombre ayer era Blanca. (*Ante el gesto
            de incredulidad de* TOMASO.) Es que eran rosas
            blancas.

TOMASO   ¡Vaya!

GIUSEPPE   Hace tres días llenó el techo de su habitación de estrellas fluorescentes, muy luminosas. Y su nombre por la mañana fue…

TOMASO   (*Lo corta.*) ¡Estrella!

GIUSEPPE   No, Luz.

TOMASO   ¡No doy una!

GIUSEPPE   Hace dos días, puso en su mesita de noche una estrellita de mar que había recogido de la playa.

TOMASO   ¡Ahora sí! ¡Estrella!

GIUSEPPE   No, Mar.

TOMASO   Estoy para ir a Pasapalabra.

GIUSEPPE   Y al día siguiente, puso sobre la mesa de la entrada unas fotos de un precioso mercedes metalizado…

    (*Vuelve a cortarlo.*)

TOMASO   ¡Mercedes!

GIUSEPPE   No, esta vez sí que era Estrella.

TOMASO   ¿Estrella?

GIUSEPPE   (*Lo reprende.*) ¿Otra vez haciéndome eco? (*Con una sonrisa.*) Es que no me dejó acabar. Eran las fotos de un Mercedes metalizado justo antes de (*Subrayando el inicio.*) estrellarse contra un árbol. (Tomaso *ladea la cabeza. Mira de nuevo a* La Mujer *y suspira con tristeza, abatido.*) En fin, lo dicho, si usted quiere hablar con la chica, que por lo que veo ganas de hacerlo no le faltan, tiene que lograr antes averiguar su nombre.

TOMASO   (*Desesperado.*) ¡Con esas pistas tan equívocas no creo que llegue a adivinarlo jamás! (*Repentinamente esperanzado.*) ¿Usted sabe el nombre que tiene hoy?

GIUSEPPE   Por supuesto. Puedo adivinarlo con solo mirarla a los ojos.

TOMASO   (*Implorante.*) ¿Podría decírmelo, por favor?

GIUSEPPE   (*Firme.*) No. Eso sería traicionarla. (*Ante el gesto de exasperación de* TOMASO, *le pone la mano en el hombro.*) No se desespere, Tomaso. Si de verdad quiere saberlo, encontrará la manera de averiguarlo. (*Con una sonrisa.*) En su mirada veo un brillo que solo puede asomarse a los ojos si hay algo quemándose con fuerza por dentro. Confíe en ese fuego interior para que lo alumbre en sus pesquisas… (*Más serio.*) Eso sí, debo advertirle ya de una cosa, si al final logra hablar con ella, debe ser siempre sincero. Y demostrarle también que es usted capaz de ver más allá de su apariencia. Si quiere ganarse su cariño y su respeto, claro…

(La Mujer *se levanta de la silla y se dirige lentamente hacia el fondo de la escena, donde se encuentra la salida del circo.*)

TOMASO   (*Angustiado.*) ¡Se va!

GIUSEPPE   Sí, a la pensión. Suele irse a descansar a su habitación después de ensayar su número.

TOMASO   ¿Podría ir a verla ahora?

GIUSEPPE   ¡Claro! Desde hace diez minutos es usted uno más de este circo. Vaya donde ella y preséntese como miembro de la compañía. Y aproveche usted para pedir también una habitación a cargo de la empresa.

TOMASO   (*Confuso y temeroso.*) ¡Pero si no logro averiguar su nombre no me dirigirá la palabra!

GIUSEPPE   Solo el que tiene miedo puede tener también esperanza. (*Animoso, con una sonrisa cómplice.*) Venga, márchese ya, que si va usted más tarde la pillará ya dormida. Es la habitación número nueve. Y recuerde, si la mira solo con los ojos, no logrará verla nunca. ¡Suerte!

TOMASO   ¡Gracias!

(Tomaso *lo abraza efusivamente y se marcha también por el fondo de la pista.* Giuseppe, *que se dirigía de nuevo a la mesa escritorio siente un pinchazo en el menisco y después de tocarse la* rodilla dolorido, se tumba boca abajo en el suelo. Desde ahí canta «Torero», cuya música resuena en la escena, mientras cae el Telón.)

Acto segundo

Habitación de una pensión de las afueras. La habitación es modesta, pero aseada. Es un poco más amplia de lo que suelen ser este género de habitaciones, lo que ha permitido acomodar un elemento muy poco común en ellas, un sofá Chester de tres plazas, eso sí, bastante desdibujado ya. Aparte del sofá hay una cama con cabecero de forja algo herrumbroso, una silla, una mesilla de noche, una mesita alta y chata espigada junto a la entrada, y otra mesa, con algo más de cuerpo, arrumbada al fondo. Los elementos decorativos de la pieza son bastante heterogéneos: cuadros de barcos, bodegones y vírgenes; búcaros con flores; un paragüero de colores y, en un ángulo de la estancia, una columna de poliuretano de un metro de altura que parece querer remedar, con un éxito bastante discreto, una pilastra jónica. LA MUJER, tumbada en la cama, está leyendo un libro. Alguien llama a la puerta delicadamente. Es TOMASO.

LA MUJER   Pase.

(LA MUJER esboza un gesto de sorpresa, deja el libro en la mesilla y se incorpora en la cama.)

TOMASO   No tenga miedo. Mi nombre es Tomaso y soy, desde hace media hora, un miembro más del circo. Me ha dicho Giuseppe que viniera a presentarme. (LA MUJER *le sonríe tímidamente y hace un gesto de disculpa, señalándose la boca.*) No tiene por qué disculparse. Ya me ha contado Giuseppe lo de su… juego, si me permite llamarlo así. Ya sé que para que usted consienta hablarme tengo primero que averiguar su nombre. También sé que suele dejar pistas, aunque ya me advirtió Giuseppe que suelen ser equívocas o directamente falsas. (*Se encoge de hombros.*) Tengo que confesarle que nunca se me han dado muy bien estos juegos, (*Con cierta galantería.*) pero teniendo en cuenta cuál es el premio de este, merece la pena que ponga en ello todo mi ingenio. (LA MUJER *esboza una sonrisa más amplia.*) ¿Me permite que merodee un poco por la habitación? (LA MUJER *no dice nada.*) ¿Podría hacer usted algún gesto con la cabeza, aunque solo fuera para indicarme cómo voy en mis averiguaciones? ¿Me concedería al menos eso? (LA MUJER *afirma con la cabeza.*) ¡Gracias! (TOMASO *observa unas flores que hay sobre un búcaro en la entrada.*) Posiblemente este ramito de (*Con intención, subrayando la palabra.*) «violetas» sea la pista falsa del día. Demasiado evidente. Una pista para descartar de primeras a aquellos que se conforman con lo fácil y lo (*De nuevo con intención.*) aparente. (LA MUJER *vuelve a sonreírle y afirma con la cabeza.* TOMASO *mira la columna decorativa situada al fondo* con interés. *Se acerca hasta donde se encuentra y dibuja en su cara un mohín de disgusto.*) ¡Qué pena! Mi idea era un poco rebuscada, pero interesante. Una columna siempre es un sostén, una apoyatura, un (*De nuevo con intención.*) «Pilar», pero por lo que veo esta falsa pilastra debe llevar aquí ya algún tiempo. Está bastante ajada. (*Suspira.*) La pista tendría que ser mucho más reciente. A ser posible de hoy mismo. (*Llega hasta la mesa y coge un cuaderno de dibujo que reposa en ella. Mira el último de sus dibujos.*) ¡Así que ha dibujado esto hoy! (*Lo escruta con creciente interés.*) ¡Qué luna tan preciosa! ¡Y qué grande es! Parece casi tan grande como la montaña sobre la cual la ha hecho lucir. (*Mira de nuevo a* LA MUJER *y le sonríe alusivamente.*) ¡Qué fácil sería caer en la trampa y llamarle ahora a usted (*Subrayando.*) Luna! ¿A que sí? (*Ladea la cabeza con una sonrisa satisfecha.*) Pero no lo voy a hacer...(*Examina la hoja con más atención.*) ¡Qué curioso! En la parte de abajo ha escrito usted algo en griego. (*Piensa en algo y lo mira con un gesto de impostada reprobación.*) Conque otra pista falsa, ¿eh? ¿Qué pretende, que lo llame (*Con intención.*) Selena? (LA MUJER *sonríe cada vez más divertida.* TOMASO *suspira.*) He estado a punto de caer en su ardid, no se crea. Pero he pensado a tiempo: ¿para qué hubiera dibujado con tanta precisión la montaña si todo giraba en torno a la luna? (*Observa el gesto anuente de* LA MUJER *y sonríe como si hubiera dado con la clave del acertijo.*) ¡Aja! ¡La clave está en la montaña! ¿A que sí, (*Con énfasis victorioso.*) Cintia?

LA MUJER   (*Sorprendida y admirada.*) ¡Oh! (*Lo mira con enorme curiosidad.*) Pero ¿cómo lo ha sabido?

TOMASO   Si no me hubiera dicho antes Giuseppe que no soporta que la mientan, le diría que lo he sabido porque soy un experto en mitología griega y ello me ha permitido deducir que al asociar usted luna, montaña y Grecia, estaba aludiendo a Artemisa, la diosa de la luna, que como provenía del monte Kynthos se le aplicaba el gentilicio de Kynthía, esto es, de Cintia. Pero como no puedo mentirle le diré que lo sé gracias a una… (*Lo dice de una manera especial.*) «amiga» que precisamente se llamaba así, y que me contó de donde provenía su nombre una hermosa noche de luna llena…

LA MUJER   (*Juguetona.*) Ha dicho «amiga» con una entonación especial.

TOMASO   Cuando uno habla de esa clase de «amigas» debe poner siempre esa entonación.

LA MUJER   (*Con ingenuidad impostada.*) ¿Son amigas de esas con *derecho a roce*?

TOMASO   Con *deber a roce* más bien. (*Parodiando un tono reivindicativo.*) Vivimos en un mundo obsesionado con los derechos. Parece que hoy en día nadie tiene deberes. Yo en esto soy un antiguo, creo más en las obligaciones que en los derechos. (*Pícaro.*) Por eso defiendo y defenderé toda la vida que el rozarse con esa clase de «amigas» es siempre un deber.

LA MUJER   (*En el mismo tono de falsa ingenuidad.*) ¿Y ha tenido usted muchas «amigas» de esas?

TOMASO   Depende de con qué lo comparemos. Si lo comparamos con el número de estrellas de la galaxia, he tenido pocas, pero si lo comparamos con el número de células que tiene un protozoo, he tenido demasiadas.

LA MUJER   ¿Por qué las llama «amigas» y no novias?

TOMASO   Porque como me dijo una vez, muy sabiamente, una de ellas, la palabra «novio» solo debe emplearse cuando uno se va a casar. Y yo no pienso casarme nunca.

LA MUJER   ¿Por qué?

TOMASO   Porque para casarme tendría que tener una casa. Y no la tengo. (*Triste.*) Ni creo que vaya a tenerla nunca.

LA MUJER   Eso es absurdo. Es como si un pensionista, para poder cobrar su paga, tuviera que vivir en una pensión. O como si solo los de Soria tuvieran que padecer soriasis.

TOMASO   Ja, ja, ja. Eso último me suena de un chiste. (*Divertido.*) Qué graciosa es usted. Y qué aguda.

LA MUJER   ¡Gracias!

TOMASO   De verdad, es fantástica.

LA MUJER   ¿Fantástica? ¿No decía que era aguda?

              (TOMASO *se ríe ruidosamente.*)

TOMASO   Es usted aguda y esdrújula. Las dos cosas a la vez.

LA MUJER   (*En un tono un poco más serio.*) Yo siempre me he sentido más bien llana.

TOMASO   ¿Llana?

LA MUJER   (*Frunciendo el ceño, como recocentrada.*) Sí, sencilla, franca. (*Ladea la cabeza.*) Lo agudo tiene filo. Y lo esdrújulo suena presuntuoso. Prefiero lo llano. Lo que no tiene doblez…

TOMASO   (*Aludiendo al dibujo.*) Pues para gustarle tanto lo llano dibuja usted unas montañas estupendas.

LA MUJER   Es que en lo geográfico me permito algún que otro accidente.

TOMASO   ¿Y en lo automovilístico?

LA MUJER   Ninguno. No viajo nunca ni en coche ni en tren. Como ya habrá sospechado, procuro ir siempre a la *pata llana*.

(*Tomaso le sonríe el rasgo de ingenio y aprovecha un momento de impasse para sentarse junto a ella en la cama.*)

TOMASO   ¿Le importaría que nos tuteásemos?

(*La Mujer se levanta y se sienta en un extremo del sofá.*)

LA MUJER   Es muy pronto todavía para eso.

TOMASO   ¿Por qué?

LA MUJER   Porque tutear a alguien significa que confías en esa persona.

TOMASO   ¿Y el usted?

LA MUJER   El usted significa que la respetas.

TOMASO   ¡Vaya! Entonces no se puede confiar en una persona y a la vez respetarla…(*La Mujer sonríe. Tomaso ladea la cabeza tristemente.*) ¿Se tarda mucho tiempo en ganarse su tuteo?

LA MUJER   El tiempo que se tarda en ganarse mi confianza.

TOMASO   Eso tiene pinta de ir para largo. ¿Existe algún modo de acortar los plazos?

LA MUJER   Ayudaría a reducirlos que me contase usted un secreto. Compartir un secreto es siempre una muestra de confianza.

(TOMASO *frunce el ceño pensativo.*)

TOMASO   Le diré uno muy especial: (*Muy serio y en voz baja.*) estamos todos condenados a morirnos.

LA MUJER   Eso no es un secreto. Lo sabe todo el mundo.

TOMASO   Ya, ¿pero conoce usted a alguien que actúe como si realmente lo supiera? (LA MUJER *se queda en silencio.* TOMASO *sonríe.*) Es un secreto tan importante que al final todos nos lo llevaremos a la tumba… (*Se levanta de la cama y se sienta en un extremo del sofá.*) ¿Me he ganado ya su tuteo?

LA MUJER   (*Se encoge de hombros.*) Con algo de trampa, pero sí, se lo ha ganado, perdón, quería decir que te lo has ganado. (*Con fingido enojo.*) Aunque no sabía que lo del tuteo fuera en realidad una excusa para que te acercaras más a mí.

TOMASO   El tú es más corto que el usted. Por eso la distancia entre los dos debe ser también más corta. Para ser congruos.

LA MUJER   ¿No podríamos ser mejor atunes? Los congruos son unos peces muy feos…

TOMASO   Tampoco es que los atunes sean de una belleza esplendorosa… Además, decía congruo por congruente.

LA MUJER   (*Con una sonrisa llena de picardía aludiendo a su acercamiento.*) Y yo atún por (*Mirándolo alusivamente.*) «tunante».

(TOMASO *se ríe de buena gana.*)

TOMASO   Me has calado a la primera. ¿Siempre clasificas tan rápido a los hombres?

LA MUJER   Tengo afición a la taxonomía. De pequeña coleccionaba mariposas.

TOMASO   ¿Vas a comparar a una mariposa con un hombre?

LA MUJER   Ni se me ocurriría. Las mariposas son más bonitas, vuelan más alto y discuten menos.

TOMASO   Y sus ropajes son más vistosos.

LA MUJER   Eso es que nunca has estado en Ibiza. (TOMASO *sonríe de nuevo. Se quedan los dos un momento en silencio, sonrientes.* LA MUJER *piensa en algo y lo mira.*) ¿Sabes lo que más me gusta de ti?

TOMASO   (*Con ansia.*) ¿Qué?

LA MUJER   La i final. (*Observa la cara de decepción de* TO-
MASO *y añade justificativa.*) Es que siempre me
ha gustado mucho la gramática.

TOMASO   Y a mí la geometría.

LA MUJER   (*Interesada.*) ¿De veras?

TOMASO   Sí. Me encantan los polígonos. ¿Cómo si no me
habría pasado diez años subido a un trapecio?

LA MUJER   ¿No te daba miedo estar siempre tan alto?

TOMASO   ¡Qué va! (*Señala las alturas.*) Estar ahí arriba
es una gran experiencia de vida. (*Enigmático.*)
Ves todo desde otra perspectiva.

LA MUJER   ¿Una cenital?

TOMASO   Me refiero a algo más profundo. (*Suspira enfáticamente y agrega en tono trascendente.*) Quiero decir que las cosas del mundo y de la vida
se ven muy distintas desde las alturas…

LA MUJER   ¿En qué sentido?

TOMASO   (*Sigue con tono trascendente.*) Los problemas
parecen mucho más pequeños y las personas
hormigas.

LA MUJER   ¿Y las hormigas?

TOMASO   (*Desorientado.*) ¿Las hormigas? (*Pensativo.*) Las hormigas parecen microbios.

LA MUJER   ¿Y los microbios?

TOMASO   ¡Dios mío, qué insistencia! (*Piensa en algo rápidamente.*) Pues los microbios parecen átomos, pero átomos de los de Bohr, no de los de Demócrito, que son mucho más modernos.

LA MUJER   ¿Cómo distinguías desde arriba unos átomos de otros?

TOMASO   Con un microscopio.

LA MUJER   ¿Subías al trapecio con un microscopio?

TOMASO   ¡Claro! ¿Qué sentido tendría el número sin él?

LA MUJER   (*Con un matiz de sorpresa y admiración.*) Has citado a Bohr y a Demócrito. Veo que te gusta mucho la física.

TOMASO   Me gusta tanto que en el instituto la repetí cinco años seguidos.

LA MUJER   Y aparte de la física, ¿se te daba bien alguna otra asignatura?

TOMASO   El inglés. El profesor decía que era un hacha.

LA MUJER   ¿Tan bueno eras?

TOMASO   Yo creo que me lo decía porque tenía la cabeza alargada y angulosa y el tronco muy fino.

LA MUJER   (*Suspira melancólica.*) Yo siempre me he arrepentido de no haber prestado más atención en las clases de inglés. Así podría ver ahora las películas inglesas sin subtítulos. ¿Tú las entiendes?

TOMASO   Solo las entiendo si son mudas. Cuando hablan no entiendo ni jota.

LA MUJER   Es normal. Los ingleses la pronuncian como si fuera una elle.

TOMASO   ¿Y la elle?

LA MUJER   Como si fuera una ele.

TOMASO   Estos ingleses están un poco chiflados, ¿no crees?

LA MUJER   Es un idioma un poco absurdo, sí, pero muy bonito para escuchar cuando tienes reúma. (*Lo mira muy fijamente.*) ¿Cuál es tu poeta inglés preferido?

TOMASO   Tennyson.

LA MUJER   ¿Lo has leído?

TOMASO   No, por eso es mi preferido, por descarte. He leído a muchos otros y no me ha gustado ninguno. Tampoco los he entendido. Tienen la manía de escribir en inglés.

LA MUJER   Es una manía que no tienen los franceses, por ejemplo.

TOMASO   Ya, pero esos tienen la manía de escribir en francés. Y es una manía que tampoco me agrada.

LA MUJER   Es difícil que te agrade algo si no lo entiendes.

TOMASO   (*La mira alusivamente.*) No tiene por qué. Yo a ti apenas te entiendo y sin embargo me agradas una barbaridad.

(LA MUJER, *azorada, cambia rápidamente de conversación.*)

LA MUJER   Y aparte del trapecio, ¿que otros números hacías?

TOMASO   Se me daban muy bien los equilibrios en el alambre.

(*Se sienta más cerca de ella.*)

LA MUJER   (*Observa este acercamiento y dice alusivamente.*) Veo que sigues haciéndolos. ¿No temías caerte?

TOMASO   Nunca me he caído de ningún alambre.

(*Ahora quien se acerca ligeramente es ella.*)

LA MUJER   Nunca antes habías caminado por uno tan fino…

TOMASO   El problema no es que sea fino, sino que sea estable.

LA MUJER   El que transitas ahora es bastante inestable.

TOMASO   Dejará de serlo cuando lo tense.

LA MUJER   ¿Lo vas a tensar más aún? (*Insinuante.*) Ten cuidado. Este alambre es como un cable de alta tensión.

(*Se acerca aún más a él.*)

TOMASO   ¡Perfecto! Yo siempre he tenido la tensión muy baja. Así se me equilibra. (*Nada más acabar la frase,* LA MUJER *suspira decepcionada y vuelve a su extremo del sofá.* TOMASO *ladea la cabeza y chasquea la lengua.*) Lo siento. Me he liado un poco con el símil.

LA MUJER   ¿Un poco? Si seguimos adelante me terminas contando tu última colonoscopia. (*Apartando a* TOMASO *hacia al otro extremo del sofá.*) Ha sido una pena, la verdad. Habías ganado algunas posiciones… Ahora tendrás que volver al punto de partida.

TOMASO   (*Esperanzado.*) ¿Eso significa que me concedes una nueva oportunidad?

LA MUJER   ¿No te enredarás de nuevo en el alambre?

TOMASO   Es que el alambre ese es ya casi una alambrada... (*Sonríe.*) Mejoraré el símil. No te preocupes. (*Piensa en algo y sonríe satisfecho.*) Pregúntame de nuevo por mis otros números.

LA MUJER   ¿Qué otros números hacías aparte del trapecio y (*Con intención.*) los equilibrios en el alambre?

TOMASO   Se me daba muy bien la doma de felinos.

LA MUJER   ¿De felinos macho o hembra?

TOMASO   (*Se acerca provocativo.*) De felinos hembra.

LA MUJER   ¿Y cómo se doma una hembra de felino?

TOMASO   Hay varias estrategias.

LA MUJER   Dime una.

TOMASO   ¡Una!

LA MUJER   No, que me digas una de tus estrategias de doma.

TOMASO   Para ganarme su confianza les llevaba visones. Algunas se los comían y otras se hacían abrigos con ellos.

LA MUJER   ¿Nunca encontraste a una felina vegetariana?

TOMASO   Sí.

LA MUJER   ¿Qué hacías en esos casos?

TOMASO   Les llevaba votantes de Pacma.

LA MUJER   ¿Alguna estrategia de doma más sutil?

TOMASO   Durante un tiempo las amansé con canciones de *Los Sabandeños*.

LA MUJER   (*Se mira las manos.*) A mí me salían muchos de esos en los dedos.

TOMASO   Esos son sabañones.

LA MUJER   ¿Sabañones? ¿Ese no es un grupo de música canario?

TOMASO   No, al revés.

LA MUJER   ¿Esa no es una película de Pixar?

TOMASO   Es *Del revés*.

LA MUJER   ¿Pixar película una es no?

    (TOMASO *ladea la cabeza y vuelve a su esquina del sofá.* LA MUJER *se encoge de hombros.*)

TOMASO   Esta vez la *pata llana* la has metido tú.

LA MUJER   ¡Qué le vamos a hacer! No es tan fácil como uno cree hablar como los protagonistas de una película americana de cine negro…

TOMASO   Si hubiéramos estudiado más inglés, nos habría quedado mejor.

LA MUJER   No le digo yo que no, aunque si le soy sincera confiaba en que usted dirigiera mejor la conversación.

TOMASO   (*Extrañado.*) ¿No habíamos quedado en que íbamos a tutearnos?

LA MUJER   Lo siento. Es que se me había olvidado que teníamos ya confianza…

    (LA MUJER *le sonríe con una sonrisa ingenua, casi infantil.*)

TOMASO   (*La mira con ternura.*) Eres una alhaja.

LA MUJER   (*Lo mira sorprendida.*) ¿Has estado en Hawai?

TOMASO   No, ¿por qué me lo preguntas?

LA MUJER   Porque saludas como saludan allí.

    (TOMASO *entiende la alusión después de unos instantes. Sonríe.*)

TOMASO   Y tú, ¿has estado alguna vez en Hawai?

LA MUJER   No, pero me encantaría ir. (*Soñadora.*) Me gustan las playas paradisiacas, la brisa marina, los volcanes y las sandalias *havaianas*. Además, siempre me ha parecido mucho más lógico regalarle coronas de flores a los vivos que a los muertos.

             (TOMASO *coge la calderilla que tiene en el bolsillo del pantalón y la cuenta.*)

TOMASO   (*Resignado.*) Me encantaría llevarte a Hawai, pero con lo que tengo solo llegaríamos hasta Soria.

LA MUJER   ¿Hay volcanes en Soria?

TOMASO   Hay un socavón enorme junto al monte Toranzo. Si le echamos un poco de carbonilla y mucho de imaginación, tal vez pudiera dar el pego.

LA MUJER   ¿Y cómo anda Soria de playas paradisiacas?

TOMASO   Depende del concepto de playa y de paradisiaco que uno tenga. Siendo un poco flexibles podría valer como playa el embalse de *Campillo de Buitrago*. Y respecto a lo paradisiaco te aseguro que cualquier cosa que refresque en verano en Soria, parece un auténtico paraíso.

LA MUJER   ¿Nos daría la brisa marina en Soria?

TOMASO   Si nos desplazáramos un poco al este nos pegaría el Cierzo.

LA MUJER   ¿Es muy bruto ese señor?

TOMASO   Ese señor es un viento. (*Alegre.*) Cómo puedes ver en Soria no nos faltaría de nada.

LA MUJER   ¡Y que todavía haya gente que prefiera ir a Hawai! (TOMASO *y* LA MUJER *sonríen y se acercan hasta casi tocarse. Hay un momento de silencio.* TOMASO *aprovecha ese silencio para mirarla más atentamente. Es tanta la belleza de* LA MUJER *que queda, por momentos, obnubilado.* LA MUJER *parece estar dándole vueltas a algo y no se apercibe de esa mirada. Curiosa.*) Ya me has contado los números que hacías en los otros circos en los que trabajaste, pero aún no me has dicho nada de tu número de ahora.

TOMASO   Me han dado la habitación que está justo enfrente de la tuya. La siete.

LA MUJER   No me refería a tu número de habitación, sino a tu número de circo.

TOMASO   ¿Mi número de circo? ¡Puff! (*Justificándose.*) Te aseguro que la idea ha sido de Giuseppe. (*Con desgana.*) Mi número es este.

(TOMASO *finge ponerse un sombrero en la cabeza.* LA MUJER *aplaude entusiastamente.* TOMASO *la mira y se encoge de hombros.*)

LA MUJER   ¿Con qué sombrero lo vas a hacer?

TOMASO   Con uno de copa.

(*Aplaude aún más entusiasmada.*)

LA MUJER   ¡Es una maravilla! ¡Equilibrios en la cabeza con un sombrero de copa! ¡Qué idea tan fantástica! Este Giuseppe es un genio.

TOMASO   (*Seco.*) Creo que no has entendido bien el número. (*Se vuelve a calar el imaginario sombrero.*) Lo único que hago es ponerme un sombrero.

LA MUJER   Me parece que quien no lo ha entendido bien eres tú. No te pones un sombrero. Haces equilibrios con él.

TOMASO   Lo que tú digas.

(*Hay un momento de silencio tenso.* LA MUJER *juega con los labios de* TOMASO, *para forzarlo a que sonría.* TOMASO *sonríe, ya más relajado.*)

LA MUJER   ¿Sabes cómo podrías completar el número?

TOMASO   ¿Cómo?

LA MUJER   Haciendo malabares con tres sombreros de copa. Es un número que me encanta.

TOMASO   (*Con gran alegría.*) ¿Me lo dices en serio? Ese es justamente uno de los números que quería presentarle a Giuseppe. (*Señala el saco.*) Por eso traje los tres sombreros de copa.

(LA MUJER *aplaude con el entusiasmo y la emoción con que lo haría un niño pequeño.*)

LA MUJER   ¿Podrías hacerlo ahora?

TOMASO   ¡Claro! (TOMASO *coge los tres sombreros de copa y hace malabares en el aire con ellos.* LA MUJER *lo mira decepcionada.* TOMASO *acaba el número con una pirueta.*) ¿Qué te ha parecido?

LA MUJER   Muy vulgar, la verdad.

TOMASO   (*Desconcertado.*) ¡Pero si me has dicho que te encantaba este número!

LA MUJER   Te he dicho que me encantaban las malabares con tres sombreros de copa.

TOMASO   (*Más desconcertado todavía.*) ¿Y qué acabo de hacer?

LA MUJER   Algo sin ninguna gracia.

TOMASO   (*Ladea la cabeza.*) No entiendo nada.

LA MUJER   (*En un tono más conciliador.*) Mira cómo lo hago yo. No me va a salir bien, porque no soy una experta, pero así te haces a la idea. (LA

Mujer *coge los tres sombreros de copa, los lanza al aire, los deja caer al suelo y hace después una gran reverencia.*) ¡Ale Hop!

(Tomaso *suspira superado. Coge los sombreros del suelo, los lanza al aire y los deja caer también al suelo.*)

Tomaso   ¿En serio es esto lo que querías que hiciera?

(La Mujer *aplaude con fuerza.*)

La Mujer   Como se nota que llevas años trabajando en el circo. A ti te ha salido el número mucho mejor que a mí.

Tomaso   (*Ladea la cabeza con fuerza.*) ¿A lo que acabamos de hacer le llamas número de circo? Decir eso es una ofensa al verdadero circo.

(La Mujer *tuerce el gesto y se expresa a partir de este momento de una forma más seca y distante, volviendo a emplear de nuevo el usted.*)

La Mujer   Veo que no le agrada nada lo que hacemos aquí.

Tomaso   Pues mira, no. La verdad es que no me agrada nada. Como no te gustan las mentiras, te voy a ser sincero: todo lo que hacéis en este circo es una estupidez gigantesca. Uno no sabe si ingresar en el frenopático al que diseña los números o al que los ve. (*Pausa.*) Aunque mañana saldré de dudas, sospecho que el público que viene a veros piensa en realidad lo mismo que yo, que todo lo que hacéis es una auténtica majadería, una absoluta memez y solo acude al circo para reírse de vosotros. (*En un tono de chanza.*) ¡Vamos a ver el circo de los idiotas, el de los frikis, el de los locos! (*Suspira.*) Eso es lo que dicen cuando vienen a veros. (*La coge de los hombros, con tristeza.*) Se ríen de vosotros, Cintia. Esa es la pura realidad. ¿De verdad no lo ves?

LA MUJER   ¿Si piensa que lo que hacemos es una estupidez y que se ríen de nosotros, por qué se ha unido al circo?

TOMASO   Porque no tengo donde caerme muerto. Porque el hambre se me ha juntado con las ganas de comer… Por eso le he mentido a Giuseppe y le he dicho que admiraba su pasión por el circo y por eso le he asegurado que no me cabía ninguna duda de que el día de mañana compartiría con él ese mismo entusiasmo. (*Se ríe sarcásticamente.*) Si hubiera sido honesto le habría dicho que su fervor me parece ridículo y que no hay ni una remota posibilidad de que en el futuro no me siga pareciendo todo esto una sandez. (*Pausa.*) La única cosa con sentido que me ha dicho Giuseppe hoy es que la gente ya no valora el circo como antes. Pero el problema no es, como piensa él, que la gente haya perdido la noción de lo que es extraordinario o no. Lo que sucede es que el mundo entero se ha vuelto loco, así, de repente, pero loco de verdad, pues para mí estar loco es haber perdido la fantasía, la imaginación, el deseo de irrealidad y el afán por lo excepcional que está detrás de la idea del circo. (*Con tristeza.*) Te juegas la vida en un trapecio y el público contempla tu exhibición como si oyera llover, pues para ellos que un señor suba a un trapecio y ejecute cabriolas a veinte metros de altura con el riesgo de quebrarse la cabeza es tan natural como ponerle un sello a una carta. (*Ladea la cabeza con tristeza.*) No es que el circo haya perdido su misterio, lo que ha perdido su misterio es la vida… (*Encendido de nuevo.*) Pero que el circo, como extensión de la propia vida, haya perdido su misterio y su magia eso no significa que pueda ser suplantado por una docena de personajes ridículos haciendo sandeces y gansadas en la pista.

LA MUJER   ¿Le parecemos unos gansos?

(TOMASO *niega con la cabeza e intenta agarrarlo de las manos.* LA MUJER *se deshace de ellas con un gesto acre y se levanta nerviosa del sofá.* TOMASO, *ignorando su acre disposición, se acerca de nuevo a ella. Tiene el rostro trasfigurado. La mira con embeleso, como si estuviera viendo en su rostro algo arcano e inaccesible y, a cada momento, parece más enajenado que el anterior. No es capaz de ver ahora nada más que su belleza.*)

TOMASO   Tú no, Cintia, tú no. ¡Ellos! ¡Ellos son los gansos! (*Emocionado.*) Tú solo eres una pobre mujer que ha sido maltratada por la vida y por los hombres, (*La mira a los ojos.*) y que, cansada de todo y de todos, ha terminado refugiandose en un circo de locos y de gansos. (*Repentinamente, en un impulso.*) ¿Por qué no te vienes conmigo y dejas todo esto? (*Soñador.*) Iríamos de la mano los dos, de pueblo en pueblo, de ciudad en ciudad, ejecutando los números más prodigiosos e increíbles. Nos haríamos un nombre. Yo haría equilibrios en la cuerda o me subiría al trapecio y haría saltos mortales que tú, con esos ojos de ensueño, harías inmortales... (*La mira embobado.*) Tú presentarías el espectáculo. Irías hermosísima adornada con un precioso vestidito cuajado de lentejuelas, que brillarían tanto como una costelación, pero mucho menos que tus ojos... Todos vendrían a ver a la más bella de las mujeres y al más galante y audaz de los artistas de circo. (*En un tono casi de loco.*) Y si nos faltara algún día de comer, (*La agarra con fuerza.*) ¡yo bebería y comería de tus ojos! (LA MUJER, *con el rostro aterrado, lo aparta dándole un empujón que lo hace caer al suelo.* TOMASO *parece a cada instante más enajenado. Desde el suelo.*) Cintia, ven conmigo. ¡Escapémonos juntos!

(LA MUJER *se levanta con el gesto extraordinariamente severo.*)

LA MUJER   Señor, márchese de mi habitación.

TOMASO   ¡Cintia!

LA MUJER   (*Lo mira impávida.*) No se lo repetiré más. Fuera de mi habitación o llamo a la policía.

TOMASO   (*Se pone de rodillas, suplicante.*) Por favor, Cintia. ¡Escúchame!

LA MUJER   ¡Que se marche le he dicho! (*Gritando, fuera de sí.*) ¡Fuera!

（TOMASO *se levanta del suelo completamente abatido. Poco a poco recupera el dominio de sí mismo. Parece ser consciente, por como mira a* LA MUJER, *de su reciente enajenamiento y de que él mismo ha despertado en ella recuerdos terribles. Suspira y se toca la cara avergonzado de sí mismo. Entonces, casi trastabillándose, abandona la instancia lentamente, mientras cae el...*）

Telón.

Acto tercero

Antes de alzarse de nuevo el telón, se escucha durante un rato música de circo. A los pocos segundos, con la música aún de fondo, se oye una voz grabada que se expresa con la prosodia y el énfasis típicos circenses. La voz anuncia el inicio de la función.

VOZ   (*En off.*) Bienvenidos al mayor espectáculo jamás concebido, al más increíble e inimaginable de los shows: bienvenidos al maravilloso mundo del circo. Ustedes, señoras y señores, hoy son nuestros invitados de honor. Pónganse cómodos, siéntanse a gusto y disfruten con nosotros de las dos horas de función que nos quedan por delante. (*Con mayor énfasis aún.*) Ya está aquí la magia, ya llega la ilusión, ya comienza el… ¡Circo!

(*Se alza el telón y vemos en el escenario el interior de la carpa del circo. Aparte de las luces y los focos —que proyectarán su luz sobre cada uno de los números y sobre* GIUSEPPE *cuando esté presentándolos— el resto del escenario está dispuesto de la misma manera que en el primer acto.* GIUSEPPE *se encuentra sentado en la mesa escritorio que hay junto al proscenio, revolviendo papeles y anotando cifras en ellos. Parece tan concentrado en esta tarea que no se ha dado cuenta de que ya han anunciado el inicio del espectáculo y de que un foco proyecta un hilo de luz sobre él.* Giuseppe *está vestido con un anodino traje gris que le confiere el aspecto de un oficinista aburrido y tristón. Tras unos segundos, y después de limpiarse las lentes que lleva puestas, se apercibe al fin de que el espectáculo ya ha comenzado y de que todas las miradas del supuesto público —que recordemos estaría frente al escenario en su gran parte— embocan en él. Da un pequeño respingo, se limpia el sudor de la frente con un pañuelo y empieza, en un tono bajo y fatigado, a hablar en dirección al público. Ha de hacerse notar que en sus distintas intervenciones en este acto se expresará a veces con este deje monocorde y apático y otras con el mismo tono y énfasis con lo que lo haría un maestro de ceremonia circense de corte más clásico. La sensación en ambos casos será de extrañeza.)*

GIUSEPPE   Muy buenas tardes, señoras y señores. Me siento muy agradecido y feliz de que hayan decidido compartir con nosotros un rato de su tiempo para que juntos contemplemos el mayor espectáculo del mundo. (*Con énfasis.*) El espectáculo de la vida. Quiero, de antemano, pedirles perdón por no poder atenderles como ustedes se merecen. (*Indica el rimero de papeles amontonados en la mesa.*) Como ven, tengo un montón de trabajo acumulado. (*Apurado.*) Mañana se acaba el plazo para entregar la declaración trimestral del IVA y, como todos los trimestres, me he hecho un lío tremendo entre el IVA soportado y el repercutido, lo que puede repercutir muy negativamente en la empresa si no lo remedio rápido. (*Habla de repente como pronunciando un trabalenguas.*) Hablando de remedios: tengo una tía que se llama Remedios que no tiene remedio y una prima que se llama Pura, que perdió la virginidad a los once años. Tengo también otra prima que se llama Linda, que es fea de condición y una abuela llamada Dolores que no ha tenido un achaque en su vida. (*Se encoge de hombros.*) Como pueden apreciar, mi familia, al igual que el interrogatorio de un testigo bizco, es bastante contradictoria. Aunque no toda mi familia es igual de paradójica: mis tíos Eustaquio y Anselmo, por ejemplo, son, como sus nombres pronostican, más de pueblo que las amapolas. (*Piensa en algo.*) Hablando de amapolas: ¿sabían ustedes que de las amapolas se saca el opio con el que se elabora la heroína? ¿Y que de la heroína solo se sacan disgustos? Eso lo sabemos en mi familia de primera mano por mi primo Avelino, que estuvo años enganchado a la heroína. (*Pausa.*) El pobrecillo, cada vez que se pinchaba una dosis, acababa tirado en el suelo durante horas, sin moverse. En la familia lo pasamos fatal hasta que un día descubrimos la utilidad que podía tener Avelino como mopa. Lo deslizábamos a un lado y a otro de la casa arrastrándolo con el mango de un paraguas que habíamos prendido a la hebilla de su pantalón. A veces, cuando vomitaba, como la regurgitación era casi toda líquida, quedaba el suelo tan bruñido que parecía que lo acababan de encerar... (*Mira el reloj y suspira profundamente.*) Señoras y señores del público. Lo siento. Debo dejar esta historia en este punto. Se nos hace tarde y debemos empezar el espectáculo. Espero que mis peripecias familiares les hayan entretenido y aleccionado. La intención que tenía al narrárselas era crear entre ustedes y nosotros un clima de familiaridad que nos ayudara a derribar las barreras invisibles que separan al espectador y al artista en este tipo de *shows*. Si logramos eliminar esas barreras podremos edificar, con sus escombros, un precioso mirador desde donde contemplar las cosas maravillosas que hay a nuestro alrededor. (*Con una sonrisa humilde.*) Esa es, señoras y señores, la noble aspiración que tenemos en este circo y que espero que ustedes compartan con nosotros. (*Adquiere de nuevo el tono del principio, como de oficinista.*) El espectáculo, pues, está a punto de comenzar. Siéntense y disfruten de él. (*Con un gesto de malestar, se levanta de la silla.*) Hablando de sentarse: permítanme, por favor, que me levante un rato. Tengo una almorrana en el trasero que me está matando. (*Con un ademán aclaratorio.*) No literalmente, por supuesto. Las almorranas, salvo que lleven dentro un kilo de nitroglicerina, no son mortales. (*Pausa.*) Lo que sí resulta mortal en el circo es hacerle perder al público su precioso tiempo. Así que, sin más preámbulos e introitos innecesarios, les presento nuestro primer número: (*Tras un redoble de tambores.*) ¡El ocho! (*Durante unos segundos se proyecta en el escenario, sobre el telón rojo del fondo, un ocho gigantesco. Suena también a todo volumen y en plan epopeya, el principio de la canción de Europe, «Is the final countdown». Una vez desaparece de la escena el ocho y, precedidos de algunos «ohs» admirativos, arrecia en el escenario una salva de aplausos proveniente del público que, supuestamente, abarrotaría las gradas. Cuando se apagan los aplausos vuelve a sonar la música circense de fondo y* GIUSEPPE, *pesadamente, se reincorpora del suelo, donde se había tumbado boca abajo. En tono de disculpa, levantando las palmas de las manos.*) El menisco, que no me da tregua. (*Con más empaque.*) Señoras y señores. (*Con una especial solemnidad.*) Nuestro siguiente número es uno de las más paradigmáticos y conocidos de nuestro espectáculo. Sé que lo están esperando con ansia. Les entiendo. Yo también siento una gran debilidad por él. Y un cariño muy especial por el artista que lo ejecuta. (*Emocionado.*) No hay palabras suficientes para agradecerle todo lo que ha hecho por este circo. Él creyó desde el principio en él, sin arredrarse por las dificultades iniciales y por las piedras que unos y otros nos pusieron en el camino… Su actuación es la única que se mantiene intacta desde aquella función inaugural, hace ya trece años, en la que una docena de locos revolucionamos el concepto de circo. (*Emocionado.*) Debo decirles, con enorme orgullo, que su número sigue suscitando la misma emoción y asombro que entonces. (*La música de fondo se va haciendo cada vez más presente hasta llegar casi a opacar sus últimas palabras.*) ¡Sin más preámbulos, les presento, señoras y señores, al Hombre Barbudo! (*Una gran ovación acompaña la entrada en escena del* Hombre Barbudo *por el telón del fondo. Tiene una silla en la mano y el gesto inexpresivo. Se sienta en la parte central del escenario, en la parte que deje libre la habitación. Una luz cenital se proyecta sobre él. El resto de la escena permanece a oscuras. Nada más sentarse se escuchan suspiros admirativos y nuevos aplausos entre el público, que son ahogados por peticiones generales de silencio. Cada gesto del* Hombre Barbudo *parece delineado con escuadra y cartabón. En un momento determinado levanta la mano y parece que va a atusarse la barba. Ese gesto causa cierto revuelo en la sala. Los murmullos cesan cuando el público se apercibe de que había levantado la mano solo para colocarse debajo de la oreja una vedeja descarriada. Tras un vago gesto de malestar, el* Hombre Barbudo *se empieza a rascar la barba. En ese instante irrumpe en el escenario una gran ovación, que solo cede cuando deja de rascársela. Transcurren unos segundos y el* Hombre Barbudo *se queda repentinamente quieto. Suena un redoble de tambores. La expectación es máxima. Aprovechando el último redoble, el* HOMBRE BARBUDO *se mesa la barba pausadamente. Cuando acaba de mesársela se produce en el escenario una explosión de suspiros y de aplausos rebosantes de entusiasmo y admiración. La salva de aplausos crece todavía más cuando el* HOMBRE BARBUDO *se acerca al proscenio y hace una reverencia. Después se da la vuelta y abandona la escena por el fondo. Cuando se encienden las luces, se ve a* GIUSEPPE *con los ojos arrasados en lágrimas. Recomponiéndose y señalando los pelos del brazo.*) Mirad mis pelos. Los tengo como si fueran un signo zodiacal: ¡como escorpios! (*Afirma con la cabeza.*) Ha sido impresionante. Posiblemente su mejor actuación hasta la fecha. (*Rebosando de entusiasmo.*) ¡No me digan ustedes que el circo no es maravilloso! (*Muy serio.*) Y si el circo es maravilloso eso significa que la vida también lo es. (*Se toca la barriga dolorido y se dirige a la mesa escritorio.*) Perdónenme ustedes, querido público. Ahora mismo continuamos con el espectáculo. Déjenme que me siente un momento. La úlcera me está matando. (*Hace un nuevo gesto de dolor, más intenso que el de antes y se levanta.*) Qué quieren que les diga. Prefiero que me mate la úlcera a la almorrana. En fin... (*Suspira y recupera algo de la fuerza e ímpetu precedentes.*) Para el siguiente número, señoras y señores, vamos a necesitar a un voluntario. (*Se dirige al público.*) ¿Quién de ustedes se anima?

*(En las primeras filas del salón de butacas se
alza la mano del* VOLUNTARIO 1, *que estaba sentado entre el público real del teatro.)*

VOLUNTARIO 1   *(Muy agitado, alza la mano.)* ¡Yo! ¡Por favor, yo!

GIUSEPPE   *(Mira al supuesto público y se pone de nuevo las
lentes.)* Veo varias manos levantadas. A ver, a
ver… *(Señala a las primeras filas.)* Usted, señor, el del jersey rojo de la cuarta fila, venga
para acá, por favor. *(*VOLUNTARIO 1 *sale del patio de butacas donde permanecía sentado y sube
al escenario.)* Vamos a darle un fuerte aplauso
a nuestro querido amigo…

(Hace un gesto para que se presente.)

VOLUNTARIO 1   *(Nervioso.)* Lorenzo Fresnadillo.

GIUSEPPE   ¡A nuestro querido amigo Lorenzo! *(Se escuchan los aplausos del público.)* Muchas gracias
por su colaboración, señor Fresnadillo. *(Habla
lentamente, subrayando mucho las palabras.)*
Lo que le voy a pedir es algo muy sencillo,
pero también extremadamente peligroso: *(Con
una voz misteriosa.)* lo que usted va a presen-
ciar puede cambiarle la vida. *(Se dirige al público con el mismo tono misterioso.)* Y a ustedes también, ténganlo presente. *(En ese momento entra por el telón del fondo el* FILÓSOFO,
*que se sienta en uno de los taburetes altos que
hay apostados contra la barra. En la barra hay*

dos vasos y una botella de vodka. Nada más sentarse, el FILÓSOFO *se llena un vaso hasta arriba.* GIUSEPPE *lo mira admirativo y lo señala con la mano, dirigiéndose de nuevo al público.*) Con todos ustedes señoras y señores, ¡el filósofo! (*Resuena en la sala una gran ovación. Al* VOLUNTARIO 1.) Vaya a la barra y siéntese junto a él, por favor.

(VOLUNTARIO 1, *presa de una gran agitación, llega, casi trastabillándose, hasta la barra del bar y se sienta junto al* FILÓSOFO. *Este lo mira atentamente e ingiere de un trago el vaso de vodka. Se lo vuelve a llenar y llena también el otro vaso que había en la barra. Una vez lleno, le acerca el vaso a* VOLUNTARIO 1, *que, agitado, no sabe qué hacer. Mira nervioso a* GIUSEPPE, *que le hace un gesto para que beba. Finalmente* VOLUNTARIO 1 *bebe un pequeño sorbo. El* FILÓSOFO *hace un gesto de conformidad y empieza hablar. Su voz suena ligeramente borrachuza. Conforme vaya bebiendo el tono será cada vez más ebrio.*)

FILÓSOFO   ¿Sabe usted una cosa, caballero?

VOLUNTARIO 1   (*Cada vez más nervioso.*) Sí… quiero decir no… quiero decir no sé…

FILÓSOFO   La vida es eso que pasa mientras estamos haciendo otros planes…

(*Suenan «ohs» admirativos provenientes del público y algunos amagos de aplausos que son* rápidamente acallados por el respetable que teme perderse una nueva frase del Filósofo.)

Voluntario 1   (*Repite las palabras de* Filósofo *como si contuvieran la clave para desactivar una bomba atómica.*) La vida es eso que pasa mientras estamos haciendo otros planes. (*De repente, como si hubiera captado la profundidad de la frase en ese mismo instante, ladea la cabeza de forma convulsa a un lado y a otro.*) ¡Oh, dios mío! ¡Oh, dios mío! (*Casi voz en grito.*) La vida es eso que pasa mientras estamos haciendo otros planes.

(*EL* Filósofo, *mientras tanto, se sirve otro vaso de vodka y vuelve a ingerirlo de un trago. Parece ajeno al efecto que generan sus palabras.*)

Filósofo   (*A* Voluntario 1.) A usted, caballero, ¿le gustaría ser rico?

Voluntario 1   (*Tan nervioso o más que antes.*) Sí… no… esto… no sé.

Filósofo   En cualquiera de los casos debería saber una cosa: no es más rico el que más tiene, sino el que menos necesita.

(*Suenan de nuevos «ohs» admirativos provenientes del público e irrumpen con fuerza varios aplausos que son de nuevos acallados por los impacientes «chist» de una parte del público.*)

VOLUNTARIO 1   (*Repite el aserto como si fuera la combinación ganadora de la bonoloto.*) No es más rico el que más tiene sino el que menos necesita. (*De nuevo, como antes, parece haber experimentado una especie de epifanía y mira embelesado al* FILÓSOFO.) ¡Oh, dios mío! ¡Oh, dios mío! (*A voz en grito, con las manos en la cabeza.*) No es más rico el que más tiene sino el que menos necesita.

(*El* FILÓSOFO *sigue ajeno a lo que sucede a su alrededor y se sirve otro vaso de vodka. Su voz es ahora gangosa. Está completamente ebrio.*)

FILÓSOFO   Cuando el sabio señala la luna el necio mira el dedo.

(*Se hace un momento de silencio en la sala. Tras unos pocos segundos, como si todos hubieran entendido la frase a la vez, se escucha un gran «oh» del público y arrecian los aplausos, ahora ya sin tasa.* VOLUNTARIO 1 *está a punto de sufrir un síncope. Es como si lo escuchado le hubiera removido cada fibra de su ser. Se mueve inquieto por la escena, mirando alternativamente su dedo y el cielo, mientras se golpea el rostro o se tira de los cabellos.*)

VOLUNTARIO 1   (*Como un loco.*) ¡La luna! ¡El dedo! ¡La luna! ¡El dedo! (*Una vez ceden los aplausos, se escuchan los murmullos del público, que parece aún conmocionado por las palabras del* FILÓSOFO. *Este, mientras, sigue a lo suyo, escanciando vodka. Después de unos momentos de barullo, poco a poco vuelve la normalidad y retorna el silencio. Hay una enorme expectación en la sala. El* Filósofo*, ajeno a todo, está perdida e irremediablemente borracho.* Voluntario 1 *lo mira con admiración.)* ¡Maestro, por favor, diga algo!

Filósofo   *(Con voz gangosa.)* Algo.

(Nada más decir «algo» el Filósofo *cae al suelo cual largo es.* Giuseppe *corre hacia allí y lo examina desde el suelo.* Voluntario 1 *mira la escena con preocupación.)*

Voluntario 1   ¿Es grave?

Giuseppe   No, es la gravedad. Fue ella la que le hizo caer. *(Se dirige al público.)* Señoras y señores. No se preocupen. Nuestro filósofo está perfectamente. *(Arrecian los aplausos.)* Ahora, para acabar este número y cerrarlo como se merece, nuestro voluntario lo sacará a rastras de la pista haciendo con él la carretilla.

(El público estalla en aplausos atronadores. Voluntario 1 *aplaude con más fuerza que nadie.)*

Voluntario 1   ¡Bravo! ¡Bravo! ¡Qué genio, dios mío, qué genio!

(Escoltado por los aplausos y con un «in crescendo» musical circense, Voluntario 1 *se lleva al* Filósofo *cogiéndolo por los pies y arrastrándolo*

*por el suelo hasta el fondo de la pista. G*IUSEPPE
se coloca en el centro del escenario.)

GIUSEPPE   Y ahora, señoras y señores, tengo el placer de
presentarles uno de nuestros números más
elogiados y famosos. Es, posiblemente, el más
peligroso de todo el repertorio de este circo.
Les pido, por favor, que permanezcan en silencio durante su ejecución, pues el nivel de
riesgo que entraña le exige a nuestro artista
una concentración extraordinaria. (*Suspira,
mientras una música circense llena de emoción,
se adueña de la escena.)* ¡Con todos ustedes
Luigi, nuestro *tropecista!* (*El nombre de* LUIGI
*es recibido, una vez más, con aplausos atrona-
dores, que, poco a poco, a petición de* GIUSEPPE
se van apagando. Entra entonces LUIGI *por el
fondo de la escena, con el aire distraído, que no
perderá durante toda su actuación. Se hace un
silencio como de funeral. Un redoble de tambores sucede a la tronante música. Tras dar unos
pocos pasos,* LUIGI, *parece tropezar con algún
saliente de la pista, pero cuando está a punto
de caer al suelo, gracias a unos extraños equilibrios, consigue mantenerse en pie. El público
grita enardecido y recibe la primera parte del
número con aplausos entusiastas. La música y
el redoble de tambores cesan repentinamente.
Se hace de nuevo el silencio, ahora como de se-
pelio.* LUIGI *va a iniciar la segunda parte de su
número. Se agacha y se desata los cordones. Tras
desatárselos, se incorpora de nuevo, se limpia
el sudor de la frente y los tambores vuelven a*

repicar. LUIGI, *con la mirada puesta en el horizonte y muy concentrado, camina en dirección al proscenio desde el fondo de la pista. Aunque el silencio es total, se escucha un ¡ay! lastimero de un temeroso y taquicárdico espectador. Después de unos segundos de expectación máxima,* LUIGI *se tropieza con los cordones y cae aparatosamente al suelo. El público grita aterrado. Pero esos gritos se transforman rápidamente en estruendosos aplausos, cuando sin solución de continuidad y con gran agilidad,* LUIGI *vuelve a levantarse.* GIUSEPPE, *emocionado, y con el clamor de los aplausos aún ocupando la escena, va donde* LUIGI *a ver como se encuentra y al comprobar que se encuentra bien lo coge de la mano y lo lleva hasta el proscenio para que salude al público. La ovación sube de decibelios. Tras unos segundos,* LUIGI *se da la vuelta para marcharse. Va andando tranquilamente en dirección al telón del fondo cuando de repente, unos gritos de angustia provenientes del público, irrumpen en la escena.* GIUSEPPE *se da cuenta, apercibido por los gritos, que* LUIGI *está caminando aún con los cordones desatados y corre hacia él. Con el rostro aterrado sujeta a* LUIGI *justo cuando estaba a punto de tropezarse de nuevo, esta vez sin ninguna intención de hacerlo. La emoción en el público, al observar esta especie de «bis» del número del «tropecista» es inenarrable. De nuevo se sucede una salva de aplausos.* LUIGI *se agacha, se ata los cordones, nervioso y, a grandes zancadas, desaparece por el fondo del escenario.* GIUSEPPE *se recupera de la reciente emoción y,*

mirando el efecto producido en el público, son-
ríe.) ¡Un nuevo aplauso para Luigi, el mejor
«tropecista» del mundo! (*Y al accionar* GIU-
SEPPE *la palanca del aplauso, como una máquina*
hidráulica, el público vuelve a aplaudir enfer-
vorecido. GIUSEPPE, *al observar tan entusiastas*
reacciones, se pasea feliz por el proscenio. Pa-
rece por unos momentos haberse olvidado de sus
recurrentes dolores. Sin embargo, este olvido dura
poco. Se resiente de la rodilla derecha y se diri-
ge, dolorido, a la mesa escritorio. Al sentarse
mira los papeles que tachonan la mesa, abru-
mado.) No sé si me duele más el menisco o lo
que voy a tener que pagar este trimestre de
impuestos. (*Se encoge de hombros.*) En fin…
(*Con prosodia circense.*) Señoras y señores. Para
el siguiente número, el del IVA, voy a necesitar a un voluntario. ¿Hay algún asesor fiscal
en la sala?

(VOLUNTARIO 2, *que está entre el público, en las*
primeras filas, levanta la mano. Va vestido de
una forma muy particular, entre modernilla y
clásica. Lleva puesto un chaleco muy vistoso en-
cima de la camisa y las mangas remangadas.)

VOLUNTARIO 2   ¡Yo! ¡Yo!

GIUSEPPE   El señor del chaleco de la segunda fila, suba
aquí, por favor. (VOLUNTARIO 2 *sube al escena-*
rio.) Un gran aplauso para…

VOLUNTARIO 2   Wilfredo Quintanilla.

GIUSEPPE   ¡Para el señor Quintanilla! (*Aplausos del público*. GIUSEPPE *lo mira de arriba abajo, extrañado ante ese aspecto tan particular del* VOLUNTARIO 2.) ¿De verdad es usted asesor fiscal?

VOLUNTARIO 2   Soy *coach* fiscal.

GIUSEPPE   ¿*Coach* fiscal? ¿Qué es eso?

VOLUNTARIO 2   Lo mismo que un asesor fiscal, solo que los *coach* llevamos un chaleco molón y decimos palabrotas en inglés.

GIUSEPPE   ¿Palabrotas en inglés?

VOLUNTARIO 2   Sí, *motherfuking*, por ejemplo.

GIUSEPPE   (*Lo corrige.*) *Motherfucker*.

    (GIUSEPPE *se encara con él, muy macarra.*)

VOLUNTARIO 2   Eso se lo va a decir usted a su puta madre.

GIUSEPPE   (*Tranquilizándolo.*) No se me altere, señor Quintanilla. Solo estaba corrigiéndole el insulto. Lo había dicho mal.

VOLUNTARIO 2   ¡Vaya! Pues perdóneme usted por el acometimiento. Le agradezco mucho la corrección. Es que como los otros tacos que conozco en inglés, *fucking y fracking*, acaban así, me he terminado liando.

GIUSEPPE   (*Dudoso.*) ¿Considera *fracking* una palabrota?

VOLUNTARIO 2   Usted dígala en medio de un congreso de
             Greenpeace. Ya verá cómo le terminan men-
             tando a su madre.

GIUSEPPE   (*Mira abrumado los papeles de la mesa.*) Su-
             pongo que en lo demás usted será un asesor
             fiscal normal, ¿no?

VOLUNTARIO 2   ¡Qué va! En absoluto. ¿No ve que llevo un
             chaleco molón?

GIUSEPPE   (*Pierde un poco la paciencia.*) Ya, pero aparte
             de lo del chaleco y lo de las palabrotas, ¿es us-
             ted bueno en su oficio?

VOLUNTARIO 2   (*Orgulloso.*) Obtuve el número uno de mi
             promoción.

GIUSEPPE   ¿El número uno? ¡Felicidades!

VOLUNTARIO 2   Felicite usted mejor al que obtuvo el die-
             ciséis, que fue el que ganó la rifa.

GIUSEPPE   (*Casi desquiciado.*) Señor Quintanilla, por fa-
             vor, séame por una vez claro: ¿puede usted
             ayudarme con el papeleo o no?

VOLUNTARIO 2   ¡Claro que puedo, amigo mío! Cuente con-
             migo para resolverle el *fuking* papeleo este.

GIUSEPPE   (*Con un suspiro de alivio.*) Muchas gracias, querido Wilfredo. Es usted muy amable. Gracias a sus buenos oficios podremos continuar con el espectáculo, que ya se estaba demorando demasiado. (*Se dirige al público.*) Seguro que este maravilloso público quiere premiar su magnánimo gesto con un ¡enorme aplauso!

(*Suenas algunos aplausos. No demasiados.*)

VOLUNTARIO 2   (*En alto.*) ¡*Son of a bitch*!

GIUSEPPE   (*Indignado.*) ¡Señor Quintanilla!

VOLUNTARIO 2   No estaba insultando al público, amigo mío. (*Muestra un papel.*) Me refería a esta *fucking* factura, que está muy mal hecha.

(GIUSEPPE *se encoge de hombros sin saber qué decir. Después de unos instantes, tras ver a* VOLUNTARIO 2 *concentrado en la revisión de los papeles, se tranquiliza.*)

GIUSEPPE   (*Con enjundia.*) Señoras y señores. Llega uno de los momentos cumbres del día. El número que van a ver a continuación es uno de los más importantes de este circo. Su idea surgió de la casualidad, como surgen los grandes descubrimientos y, según los ministros de Fomento, los socavones en la carretera. (*Pausa.*) Yo no quise espiarla, se lo aseguro, pero una vez dentro de su habitación, me quedé totalmente absorto ante el pedazo de vida que se desarrollaba ante mis ojos. Ella estaba tumbada en un coqueto diván, desarreglada y distraída, cortándose las uñas de los dedos de los pies. Me bastaron esos dos minutos de observación muda para vislumbrar el resto del número… (*Nostálgico.*) Hoy, justamente, se cumplen cinco años de aquél día. (*Con énfasis.*) Con todos ustedes la artista número uno del circo, ¡¡Ella!! (LA MUJER *sale a escena, escoltada por aplausos y vítores entusiastas. Camina, pausadamente, en dirección a la habitación que ocupa la parte central de la pista. Nada más llegar se sienta en la cama y se quita los zapatos que lleva puestos. El público le dedica una gran ovación. Luego, en el tocador, se desmaquilla. Nueva ovación. Después se tumba, aparentemente exhausta, en la cama. La ovación ya es gigantesca. Coge un libro y lee. Los aplausos funden cuatro bombillas. Después de leer un rato se queda dormida. Las luces de la escena se apagan poco a poco, ante el silencio respetuoso —como no— del respetable. Las luces, tras unos instantes, vuelven a encenderse y con ellas se enciende también el público, que dedica al número en su conjunto una gran ovación.* LA MUJER, *mientras tanto, sigue tumbada en la cama, durmiendo.* GIUSEPPE, *en el centro del proscenio, aplaude también.*) ¡Grandioso! ¡Maravilloso! ¡Épico!

(*Los aplausos se van apagando, como las luces cuando se pulsa el interruptor o no se abonan las facturas.* VOLUNTARIO 2 *hace un gesto a* GIUSEPPE.)

Voluntario 2   Ya están los *fucking* cálculos hechos.

Giuseppe   (*Temeroso.*) ¿Y cómo queda el tema?

Voluntario 2   Queda a pagar.

Giuseppe   (*Angustiado.*) ¿A pagar?

Voluntario 2   Apagar las luces y cerrar la puerta. (*Con una gran carcajada.*) Ja, ja, ja. Es una *fucking* broma, amigo mío. Los *coach* fiscales somos todos unos cachondos. (*Lo mira a la cara.*) Menudo susto se ha dado.

Giuseppe   Entonces, ¿no tengo que pagar nada?

Voluntario 2   De los impuestos ni una peseta. Lo único que tiene que abonar son mis honorarios.

Giuseppe   ¿Sus honorarios?

Voluntario 2   Si, cinco mil euros.

Giuseppe   ¿Cinco mil euros? ¿Está loco? Tenga en cuenta que usted ha subido aquí como voluntario…

Voluntario 2   Por eso le cobro tanto. Cuando trabajo de manera oficial tengo los honorarios tasados. Pero como voluntario puedo cobrar lo que me da la gana.

Giuseppe   (*Incrédulo.*) ¡Vaya por dios!

VOLUNTARIO 2   ¿Vive muy lejos ese señor?

GIUSEPPE   ¿Quién?

VOLUNTARIO 2   El señor ese que me acaba de pedir que
             vaya a por él. ¿Es él quien me va a pagar?

GIUSEPPE   (*Suspira sobrepasado.*) ¿Es que usted es tonto?

VOLUNTARIO 2   Me va a pagar cinco mil euros por diez mi-
             nutos de trabajo. Creo que aquí el tonto es
             usted.

GIUSEPPE   (*Lo echa del escenario muy enfadado.*) Venga,
             márchese de aquí.

VOLUNTARIO 2   Oiga, oiga, que aún no me dado mi dinero.

GIUSEPPE   Después se lo doy, cuando acabe el espectá-
             culo.

VOLUNTARIO 2   (*Mira al patio de butacas.*) ¿No va a pedir
             para mí otro aplauso?

GIUSEPPE   ¿Otro aplauso? (*Perdiendo los nervios.*) Acér-
             quese aquí, que le voy a dar unos cuantos en
             la cara.

VOLUNTARIO 2   No, deje, que de pequeño ya me dejaron
             la cara gótica de tanto aplauso. Ya me aplau-
             do yo solo.

(Voluntario 2 *abandona el escenario aplaudiéndose a sí mismo.* Giuseppe, *disgustado, ladea la cabeza, pero rápidamente se recompone y vuelve a hablar con cierta prosodia circense.*)

Giuseppe   Y ahora señoras y señores, tenemos para ustedes algo muy especial. Van a poder disfrutar, en exclusiva mundial, de un nuevo y fascinante número. Estamos seguros de que se va a convertir muy pronto en todo un clásico de nuestro circo. (*Con admiración.*) Se trata de un número de equilibrios realizado con un único sombrero de copa. Ya les adelanto que su ejecución plantea grandes dificultades técnicas que requieren de una gran pericia y concentración. Por eso les pido que estén en absoluto silencio mientras se ejecute. El encargado de realizar tan delicado número es un artista de categoría mundial, que lleva toda la vida trabajando en el circo y que tenía muchas ganas de colaborar con nosotros. Sin más dilación, démosle una cálida bienvenida y un fuerte aplauso a ¡Tomaso Tancredi!

(*Suenan con fuerza los aplausos. Por el telón de fondo rojo, apático y desganado, aparece* Tomaso, *con el saco del principio al hombro. Se dirige, a paso de tortuga —y con cara de tortuga también, por cierto—, hasta el proscenio. Su gesto tiene un poco de indolencia cósmica y un mucho de desidia sideral. Al llegar al borde del escenario, coge del saco un sombrero de copa y se lo pone en la cabeza.* Tomaso *se encoge de hombros*

y alza las palmas de las manos, como diciendo
«¡ya está, esto es todo». Hay ahora en su rostro,
aparte de indiferencia, un matiz de desafío. El
público parece al principio algo desconcertado,
aunque después de unos instantes, azuzado por
los aplausos de GIUSEPPE, *empieza a aplaudir*
también con fuerza. El rostro de TOMASO *pasa de*
la desidia a la incomodidad y de ahí al enojo.
Este enojo se incrementa exponencialmente con-
forme habla.)

TOMASO   Pero, ¿por qué aplauden? (*Se pone de nuevo el*
sombrero.) ¿En serio están aplaudiendo esto?
(*Suenan de nuevo aplausos.*) ¿Hay un cartel en
la entrada indicando que hay que dejar las
neuronas fuera? (*Se vuelve a poner el sombre-*
ro, más enfadado todavía.) ¿Pero no se dan
cuenta de que lo único que hago es ponerme
un sombrero? (*El público vuelve a aplaudir al*
colocarse TOMASO *de nuevo el sombrero.* TOMA-
SO *pierde los papeles.*) ¿De verdad son ustedes
tan imbéciles como para aplaudir esta estupidez? ¿No son conscientes de que todo lo que
se ha hecho hoy en esta pista solo son sandeces que nada tienen que ver con el auténtico
circo? (*Paródico.*) Un señor que se cae… ¡Oh!
¡Menudo número! Nunca antes se había visto a un señor tropezar. ¡Es algo increíble!
(*Extremando el tono paródico.*) Un borracho
diciendo frases hechas y esgrimiendo lugares
comunes. ¡Inconcebible! ¡Inenarrable! Eso no
se ha visto nunca… salvo en cualquier bar del
país, a cualquier hora del día, en cualquier día

del año…. (*Se ríe para sí.*) ¿Y lo del señor con barba? ¿Qué me dicen ustedes de eso? Ja, ja, ja. ¡Menudo numerazo! ¡Qué tío! Se ha sentado él solito en la silla. ¡Y se ha rascado la barba, oye! ¡Impresionante! (*Ladea la cabeza y, al recordar el siguiente número, pasa de un tono paródico a uno más severo.*) Y luego, para rematar tanta insensatez aparece una mujer en mitad del escenario (*Señala la parte central de la pista.*) haciendo lo que haría cualquier otra mujer en la intimidad de su habitación, (*Con una sonrisa nerviosa.*) ¡y eso resulta que es un prodigio extraordinario! (La Mujer *se despereza en ese momento.* Tomaso *la mira con el corazón encogido. Ella lo mira como si no lo reconociera.* Tomaso *se enciende al ver esa mirada. Su severidad se convierte en rabia. La señala.*) Y hablando de esa mujer. (*Con una risa nerviosa.*) ¿Saben ustedes que está como una auténtica chota? ¿Peor que una cabra y un cencerro juntos? ¿Que se bautiza a sí misma cada día como si fuera un cura? ¿Y que… y que… (*No se le ocurre nada que decir para atacarla.*) ¡Y que se cree que Soria es lo mismo que Hawai! (*La vuelve a mirar, y al ver que ella se obstina en ignorarlo, él se enciende todavía más.*) Además, es una mujer tan absurda… Se ha refugiado en este circo porque no soportaba que la contemplaran como si fuera un cuadro. ¿Y en qué consiste su número, si no en que la contemplen cientos de personas como si fuera un retablo viviente? En fin, un sinsentido… (*La mira con más rencor.*)

Y ahora, señores, para acabar mi función, les daré un consejo de amigo. No se fíen de ella. Lo mismo que les da su confianza, al momento, si le llevas la contraria, te la quita. Es más recomendable confiar en un escorpión que en esa mujer: por lo menos el escorpión tiene claro lo que es (*En un acceso mezcla de rabia y tristeza.*) y resulta también mucho menos dañino. (LA MUJER, *por fin, parece reaccionar y lo mira con tristeza.* TOMASO, *cohibido, mira a otro lado y hace un gesto con la mano como quitándose de encima esa mirada.*) ¡Bah! (*Introduce el sombrero en el saco, con prisas.*) Me voy ahora mismo de aquí. No soporto estar un minuto más al lado de tanto loco. (GIUSEPPE *le hace un gesto para retenerlo, pero* TOMASO *niego con la cabeza.*) Lo siento, Giuseppe. Usted ha sido muy amable conmigo, pero hay muchos locos que lo son, y eso no les resta un ápice de locura. No voy a seguir escuchando gilipolleces y lugares comunes como (*Simulando la voz ebria del* FILÓSOFO.) «la vida es eso que pasa mientras estás haciendo otros planes». Ja, ja, ja. (*La última risa ha sonado algo extraña. El rostro de* TOMASO, *de repente, se torna más reflexivo, como si estuviera paladeando sus últimas palabras y dotándolas de un sentido que antes estaba oculto. Repite la frase, pero esta vez sin parodiarla, en voz baja, como si repitiera un conjuro.*) La vida es eso que pasa mientras estás haciendo otros planes… (*Abre mucho los ojos, como si definitivamente hubiera aprehendido su sentido.*) ¡Oh, dios mío! ¡Es cierto! (*Se lleva las manos a la cara.*) Terriblemente cierto. (*Ladea la cabeza y anda nervioso a un lado y a otro del escenario. Mira al público preso de una agitación febril.*) ¡La vida es eso que pasa mientras estás haciendo otros planes! ¿Entienden ustedes la frase? ¿Han captado su enorme profundidad? ¿Lo terrible que es? (*Vuelve a ladear la cabeza. Está muy pensativo. Habla ahora en un tono muy reflexivo, intentando persuadir al público de la importancia del apotegma.*) ¿Recuerdan lo que sucedió durante el primer confinamiento de la covid-19? Parecía que todo iba a cambiar. No me estoy refiriendo a la cuestión política o a la económica, eso era obvio que iba a ir a peor. Me refiero al aspecto humano, a lo afectivo. Durante un tiempo muchos de nosotros pensamos que íbamos a ser mejor de lo que éramos. (*Suspira.*) En el confinamiento habíamos aprendido a preocuparnos por el vecino, a interesarnos de verdad por él y por los suyos. (*Sonríe melancólico.*) Nos hicimos amigos también del señor del balcón de enfrente, el que salía con sus hijos a las ocho menos cinco a aplaudir a los sanitarios. Nos emocionamos, como no podía ser de otro modo, con la heroicidad de los médicos, de los enfermeros, de los auxiliares, de los policías… con la heroicidad de todos aquellos que pusieron en riesgo su salud para proteger la salud de todos. (*Con tristeza.*) Pero luego, acabado el confinamiento, aquella explosión de solidaridad y de empatía cesó y volvimos a la rutina de siempre. A esa rutina en la que la familia del vecino ya no nos interesaba; a esa rutina en la que fingíamos no reconocer en la calle al señor del balcón de enfrente, y en la que, si tardaban en atendernos en el ambulatorio diez minutos, echábamos pestes de los sanitarios. (*Se encoge de hombros.*) Y así alcanzamos la «nueva normalidad», que no era más que la «vieja normalidad» solo que rebautizada. (*Suspira.*) Salimos entonces de nuevo a los bares, a las tiendas, a los cines; volvimos, como si nada hubiera sucedido, a las rutinas de siempre. Algunos nos tildaron de inconscientes y temerarios, pero en realidad lo que sucedía es que éramos unos malditos cobardes: unos cobardes incapaces de escapar de nuestras rutinas, de inventarnos otras, de crear otros mundos, otros lazos, otras pasiones, de diseñar otros itinerarios vitales, de establecer otros vínculos emocionales…. Teníamos tanto miedo a lo desconocido que preferimos tratar al virus como si fuera un viejo conocido, antes que abandonar nuestro rutinaria existencia… (*Suspira y mira a su alrededor. Habla con una emocionada tristeza.*) Por eso, señores, «la vida es eso que pasa mientras estamos haciendo otros planes». Porque tenemos tanto miedo a vivirla de verdad, a dejarnos arrastrar por su maravilloso torrente de vitalidad, energía e incertidumbre, que estamos constantemente haciendo planes, urdiendo rutinas, cartografiando cada trozo de senda que vamos a pisar, para ver si así evitamos que el río de la vida nos saque

de la charca estática e infecta en la que transcurren, monótonos, cada uno de nuestros días.
(*Ladea de nuevo la cabeza.*) El mapa de la vida
es inmenso, señores, inconmensurable, pero
por miedo a sus innumerables pliegues, lo ter-
minamos acotando a un cuadradito del que
no queremos salir y así, la vida, discurre a
nuestro lado, pareja a nosotros «mientras estamos haciendo otros planes». (*Pausa.*) Y por
eso también, como dijo antes ese gran filósofo al que estúpidamente insulté, miramos el
dedo y no la luna. Pero lo miramos no porque
no sepamos que está señalando la luna, que
lo sabemos, sino porque tenemos miedo a su
fulgor. Tememos que el resplandor lunar alumbre la miseria de nuestras vidas y de nuestras
rutinas; pero también, al mismo tiempo, tememos su cara oculta, esa que nos recuerda
todo ese territorio incógnito que no nos atre-
vemos a surcar aquí en la tierra. (*Mira a* GIU-
SEPPE *compungido.*) Eso es lo que explica que
yo, de forma tan mezquina, temeroso del resplandor de este circo, tan brillante o más que
la luna, y con el fin de ocultar mis miserias y
mis miedos (*Se lleva las manos a la cara.*) haya
denostado de manera tan terrible a todos sus
miembros. (*Arrepentido.*) Por eso te he insultado a ti, Giuseppe, que eres un gran hombre;
por ese insulté a Luigi, que es un verdadero
valiente; por eso denosté al hombre barbudo,
que es un ser fuera de lo común; por eso me
reí también del filósofo, que es un sabio de
nuestro tiempo, y por eso (*Con desesperación,*

señalándola.) la he insultado a ella, a La Mujer más extraordinaria e increíble que jamás he conocido en mi vida. (*Grita de rabia contra sí.*) ¡Me he comportado como un auténtico miserable! (TOMASO, *exhausto, va hacia la mesa escritorio y se sienta en la silla, dejando caer la cabeza sobre la mesa, al borde del llanto. En ese momento irrumpe en el escenario una ovación enorme, la más estruendosa y larga de todas las habidas hasta ese momento.* TOMASO *levanta la cabeza, incrédulo y aturdido.*) ¿A quién aplauden?

GIUSEPPE   (*Sonriente y emocionado.*) A usted.

TOMASO   ¿A mí? (*Con un gesto de incomprensión.*) ¿Por qué?

GIUSEPPE   (*Alusivamente, subrayando cada palabra.*) Acaban de ver a un ciego recuperar la vista. (*Sonríe.*) En sus vidas volverán a ver un número como este….

(TOMASO *se queda un momento quieto, dándole vueltas a las últimas palabras de* GIUSEPPE. *Tras unos instantes, una sonrisa aflora a su rostro. Al advertir la emoción de* GIUSEPPE, *de* LA MUJER *y del público, sonríe aún con más fuerza.* LA MUJER *se acerca al proscenio y mira a* TOMASO, *feliz.*)

LA MUJER   ¡Qué alegría me ha dado usted! Sabía que terminaría entendiéndonos. Había algo en sus ojos que me lo decía. (*Lo coge de las manos.*) ¿Me haría usted, señor Tancredi, un gran favor ? (*Con la voz más dulce, rectificando.*) Quiero decir, ¿me harías un gran favor, Tomaso?

(TOMASO, *tras mirarla atentamente unos segundos, esboza una sonrisa serena, llena de comprensión y reconocimiento, como si la viera por primera vez.*)

TOMASO   El que quieras, (*Subrayando.*) Marisa.

LA MUJER   (*Sorprendida.*) ¿Cómo lo has sabido?

TOMASO   Mirándote a los ojos.

LA MUJER   (*Ensanchando su sonrisa.*) ¡Como Giuseppe!

TOMASO   (*Con dulzura.*) ¿Cuál es el favor?

LA MUJER   ¿Podrías hacer el número de los tres sombreros de copa que hiciste ayer en mi cuarto? ¡Me haría tanta ilusión!

TOMASO   (*Animoso.*) ¡Por supuesto!

(TOMASO *coge del saco los tres sombreros de copa, hace una reverencia circense al público, levanta las manos pidiendo un redoble de tambores y, con su repique resonando en el escenario, los lanza al aire. Los sombreros caen al suelo sin que* TOMA-SO *intente hacer con ellos ningún juego malabar. Una vez en el suelo,* TOMASO, *como si hubiera*

hecho una filigrana inconcebible, dice: ¡Hoop!
Y con este «Hoop» vibrando aún en la escena
se baja definitivamente el...

Telón.

Fin.

Esta primera edición de *El ciego*
de Juan Manuel Bru, terminó de imprimirse
en noviembre de dos mil veinticinco,
en Madrid.